U0001875

讓自己快樂

沒有放不下的情緒，只有不肯放下的你

HOW TO MAKE YOURSELF HAPPY AND REMARKABLY LESS DISTURBABLE

理情行為治療之父**亞伯·艾里斯**經典著作
影響力超越佛洛伊德的心理學家

ALBERT ELLIS

亞伯·艾里斯———著　蘇子堯———譯

Contents

給珍娜‧沃夫（Janet L. Wolfe）

　我親愛的伴侶、優秀的合作對象、不可或缺的搭檔，
感謝她經營這座學院，走過三十四個值得紀念的年頭。

致謝

我想感謝幾位伙伴，本書尚在手稿階段時，他們已先行閱讀並給予評論，尤其是尚恩·布勞（Shawn Blau）、泰德·克勞福（Ted Crawford）、雷蒙·迪裘瑟沛（Raymond DiGiuseppe）、多明尼克·迪馬夏（Dominic DiMattia）、凱文·埃弗瑞特·費茲茅理斯（Kevin Everett FitzMaurice）、史蒂芬·尼爾森（Steven Nielsen）、菲利普·泰特（Phillip Tate）、埃米特·維騰（Emmett Velten）與保羅·伍茲（Paul Woods）。我非常感謝他們的建議，很有幫助。

我也想感謝提姆·羅尼恩（Tim Runion），他檢視手稿，進行多次文字校訂。還有吉娜瑪莉·贊帕諾（Ginamarie Zampano），艾里斯學院（Albert Ellis Institute）的行政主任，她協助蒐集了一些資料，執行了許多行政業務，為本書打點好一切，一如她平常最能幹的效率。

最後，讓我表達對鮑伯·雅貝提（Bob Alberti）的感謝之意，他是影響力出版社（Impact Publishers）的編輯，非常有活力，不只為本書進行了例行的仔細編輯，更提出了不少極有創意的建議，為本書增添豐富內容。

亞伯·艾里斯

Chapter 1

如何讓自己快樂，
而且困擾大減

不管我的行為如何，都沒有什麼事會讓我變成糟糕的人。我依然有
能力，為自己創造相當豐富而快樂的人生。

　　我第一次見到羅莎琳的時候，她嚴重憂鬱。她剛與丈夫離
婚，她大哭、嚴厲自責，不斷說自己是個「失敗者」。儘管她
其實是個很有天分、也很成功的服裝設計師，她卻很焦慮，擔
心自己工作表現太差，又因為感到焦慮與憂鬱而斥責自己。她
對自己的神經質症狀產生了神經質症狀！

　　她一直對自己說工作的事，「對，我幫公司做了些很棒的
設計，但我完全沒做到我**應有的**表現。他們遲早會發現這件
事，看出我其實是個很差勁的設計師，然後很合理的開除
我。」這造成了她的焦慮。

一開始，我先幫助羅莎琳停止稱呼自己為「失敗者」，以及接受那個帶有憂鬱與焦慮的自己。對，我同意，她這個人也許「某方面失敗了」，但不是「整個人都失敗」（畢竟真正的失敗者會一直失敗，得不到成功）。跟我們其他人一樣，她也是個擁有多種不同特質的人──兼具許多「好」與「壞」的特質，並不能用概括、整體的評斷來簡單論定她。

　　我努力勸說羅莎琳停止評斷全部的自我，以及她這整個人。然而，她一開始卻很抗拒。她反駁：「畢竟就是我對前夫做出這些愚蠢的行為，該負責的是我，也是我自己在憂鬱與恐慌。既然表現差的人是我自己，那我為什麼不該評斷自己是個失敗者呢？」

　　我不同意這個說法。沒錯，羅莎琳的確有時候會失敗，但是她也常常成功。她有時表現得不佳，但也曾表現優異。「你做過那麼多很棒的好事，例如成功設計服裝，那也要歸功於你。這樣就讓你成為好人了嗎？不，你就只是個人，行為有好有壞；你這個人有千萬種想法、感受和行為，這些東西也一樣有好有壞、有不好不壞的。既然如此，為什麼你要因為自己差勁的行為，而評斷自己很差勁呢？」

　　羅莎琳終於聽懂了我的話，試著**停止因為失敗的行為譴責自己、或是她的存在**。她先是接受了有這些心理困擾的自己。然後她驚訝地發現，原先被丈夫拋棄造成的憂鬱，以及對事業失敗的焦慮，竟然幾乎消失了。當她開始接受了帶有困擾的自

己之後，很快就放棄了她的要求（demands），羅莎琳終於明白，自己不必一定得當一個完美的妻子兼設計師。

羅莎琳採用了理情行為治療法（Rational Emotive Behavior Therapy, REBT）的哲學觀，當她只評斷自己的行為而非自我，就能產生很大的改變。她的結論是：「**不管我的行為如何，都沒有什麼事會讓我變成糟糕的人**。我最好能夠表現稱職又熱情洋溢，這樣可以改善我的工作、人際關係，還會獲得其他的樂趣。這樣很棒，但我不用一定得要很有成就，或是討人喜愛，才能算是個還不錯的人。」

我與羅莎琳只晤談了幾個月，但我對她的進步大感驚奇。她不止成功讓自己擺脫憂鬱、不再焦慮，而且還保持了身體的健康。她介紹了好幾位親朋好友給我，幾乎所有人都說她大有進步，而且還持續進步中。她偶爾會參加我在紐約的亞伯・艾里斯理情行為治療學院（Albert Ellis Institute for Rational Emotive Behavior Therapy）開辦的「週五夜工作坊」（Friday Night Workshop），我定期會在那裡跟觀眾中的自願者進行 REBT 的現場公開示範。羅莎琳會現身在這些工作坊，並跟我聊上幾句話，讓我看到她持續進步、更加快樂。

羅莎琳是眾多案例之一，讓我看到 REBT 確實能有效幫助大家：

- 對人生的哲學觀產生重大的改變。
- 減輕現有的（心理）症狀。
- 處理其他情緒問題。
- 大幅減少退步回昔日的情緒困擾狀態中，一旦當事人再次陷入煩惱，也能使用 REBT 方法有效自助。

擺脫煩惱，她怎麼辦到的？

　　羅莎琳一開始先用了 REBT 的方法：無條件的自我接納（unconditional self-acceptance, USA），停止指責自己的主要症狀：憂鬱和焦慮。其次，她了解到，這些症狀本身來自於「她因為婚姻失敗、工作也可能失敗，而譴責自己」。當她不再怪罪自己，就再也不會覺得憂鬱或焦慮了。

　　接著，羅莎琳又更進一步檢視自己的其他焦慮，尤其是對公開演說的焦慮，她了解到這些焦慮也是一樣的模式，大多是在別人批評她、而她因此責怪自己時出現。因此，她試著使用 REBT，幫助自己不再害怕公開演說。而且就算她很焦慮——最重要的是，即使她真的講得一團糟——她也能無條件接納自己！

　　後來，羅莎琳就很少再退回到「因為離婚而憂鬱、為工作而恐慌」的狀況。就算她真的退步了，也只是剎那間的事。此後，每當她陷入憂鬱或焦慮，或是因為任何事而感到困擾或不

開心時，她就能清楚覺察到自己又開始「用**必須**來自我要求」（musturbate[1]，我後面會解釋）了，找出自己愚蠢的要求行為，並很快對那些不合理的行為予以駁斥，再次擺脫煩惱，重拾快樂。

羅莎琳的進步讓我看到，許多使用 REBT 的人都能夠優雅地進步。換言之，先克服他們現有的困擾，然後繼續使用 REBT 的方法，讓他們的困擾大為減少。從 1950 年代開始，我已經看到、聽到數百位案主和讀者，都能夠做到這點。

一般讀者也可以做到嗎？

當然，讀者也能做到。這是最近我遇到的另一個案例。麥克是一名電腦顧問，三十八歲，幾週前從懷俄明州來找我。他在紐約長大，一輩子都在恐慌，對於任何做得不完美的事都有強迫行為，就算是為了消遣而彈鋼琴，也不能彈得不好。由於紐約生活複雜、「太危險」了，他才搬到懷俄明。他說多年的精神分析對他毫無幫助；但是在懷俄明做了一年的認知行為治療（cognitive-behavior therapy）後，出現一點成效，讓他的強迫症（obsessive-compulsive disorder）稍微減輕些了，也比較能自在的與強迫症共處。

1　譯注：這是作者的文字遊戲，musturbate 是把 must（必須）加上 masturbate（自慰），可以解釋成「用必須來自我要求」的意思。

麥克為了感謝我，特地來到紐約。六個月前，他開始讀《理性生活指南》（*A Guide to Rational Living*）和我的其他幾本著作。他這輩子第一次，開始完全接納會恐慌、有強迫症的自己，使得強迫性的感受和行為都立刻大為改善。他那「對恐慌的恐慌」完全消失了。他原來的恐慌狀態（主要是怕跟女性的性行為表現不佳）大幅降低。他的強迫症也減輕了。如果他不小心再次退步到昔日的困擾中，他很快地就能接納再度出現情緒困擾的自己，很快地再次克服這些困擾。當他到紐約拜訪老友，遇到老友們又幼稚的戲鬧他時，他也拒絕再用這件事嚇自己——因為他之前老是這樣。除了自己受益，他也開始幫助朋友，教他們一些 REBT 的原則。

　　麥克在第一次、也是唯一一次跟我晤談時提到：「我不會說因為讀了你的書，我就成了全新的人，但也差不多了！以前會讓我恐慌的東西，現在幾乎不會再困擾我了。有時候，當我又回到過去的完美主義，我很快就會找到那些**應該**（shoulds）和**必須**（musts），然後再次克服，回去享受我豐富而愉悅的人生。如同我之前說的，我再次來到紐約，是要親自見你一面，感謝你給我的一切。雖然我不相信奇蹟，但你的書就像奇蹟一樣。真的，**謝謝你寫了這些書**！」

你真的能改變自己嗎？

羅莎琳和麥克，還有其他許多接受過 REBT 晤談、或是讀過我著作的人，都令我確信，人確實可以深刻、徹底而「優雅」地改變他們的情緒困擾，以及受困擾的程度。如果他們使用 REBT，就能完全改變他們的「性格」嗎？不，不盡然。「性格」包含了許多強烈的生理傾向因素，例如內向或是外向。如果你非常努力，或多或少能改變這種傾向，但是無法完全改變。所以，就大多數的狀況而言，你最好接受你的基本「性格」，並設法與之共處。

就算是你自尋困擾的傾向，也有部分是天生的。身為人這個個體，你可能會有自然而然、與生俱來的性格傾向，導致你容易焦慮（過度在乎）、憂鬱（害怕不幸的事件），或是自我厭惡（因為自己某些較糟糕的行為，而嚴屬責怪全部的自我）。如果你有這些天生的傾向，也不必對其順從或是讓步。沒錯，**與生俱來，不代表就是固定不變的**。例如說，就算你天生音樂天賦不好，你也可以接受音樂訓練，即使無法完全改變天賦，也多少會有些許進步，**擁有基本的音樂能力**。如果你天生就討厭菠菜，你也可以訓練自己某種程度上變得比較喜歡吃。

是的。你也可以改變困擾。即使你的天生特質與成長過程使你「容易陷入困擾」，你仍然可以大幅改變這性格，讓自己

少受許多不開心。怎麼做呢？努力使用我在本書中將會提到的幾種 REBT 方法。

幸運的是，是你**選擇**讓自己沉溺在情緒問題裡的。你的生理狀況和童年教養確實可能助長你的行為傾向。但你還是有相當大的能力，阻止你常常過度擔憂的神經質傾向，並且減少這些狀況發生。

以我自己為例。我似乎生來就愛吃甜食，和我母親一樣。她嗜吃各種甜食，直到九十三歲還被人抓到在養老院裡偷吃其他院民的糖果！而我到四十歲以前，都效法母親的甜食精神，在咖啡裡加四匙糖和半杯奶精，每天吃進大約半公升的冰淇淋，用奶油和糖來煎通心麵，放縱自己喝最愛的飲料──巧克力或麥芽奶昔。太好吃了！

然而我四十歲就得了糖尿病。所以在發現自己得了糖尿病的第一天，我立刻停止吃糖、冰淇淋、奶昔、奶油，以及其他高脂食品。至今過了四十六年，我還會懷念這些食物嗎？會啊！但我還會盡情享用嗎？幾乎再也沒有。

因此，即使你生來就有強烈的自我挫敗（self-defeating）傾向──我相信有幾十億人都是如此──你也一定可以改變。你可以訓練自己，為了對自己好而改變，或是為了你選擇生活在其中的社會團體而行動。因為，當你出現神經質行為的時候，你就為自己創造了內心的問題（個人的心理問題），還有與人相處的社交適應問題，並造成別人的麻煩（人際與社交障

礙）。所以你最好努力改善這兩個層面的狀況。REBT 的書籍和錄音帶，以及許多其他認知行為治療的自助資料，都可以教你該怎麼做。

所以，請務必善用這些資料。要學會如何改變你的想法、感受和行為，從而減少情緒困擾。持續閱讀，並使用本書中的步驟幫助自己。如果你努力這樣做，你將很有可能真正地更加了解自己，成功為自己擺脫困擾，與他人相處得更融洽。

為什麼要再出一本自助書？

你可能會好奇，我已經出版了四十本其他的自助書籍，還有數百篇文章和影音資料，來教大家如何處理性格的問題，那為什麼還要再多寫這本書呢？

為了一個特別的原因。1996 年，我為心理衛生專業人員出版了一本《更好、更深入、更持久的短期治療》（*Better, Deeper and More Enduring Brief Therapy*），雖然書中介紹了 REBT 的一般原則，卻是我唯一一本、也是整個心理治療界中少有的一本：第一，明確告訴心理治療師幫助案主「全面改善」的方法，以及第二，如何「優雅地」改變。這本書著重的，是我在之前其他 REBT 書籍裡僅簡略一提的內容：如何幫助大家不只減輕自己的情緒困擾，而且更不容易受困擾影響。

我很滿意《更好、更深入、更持久的短期治療》，期待這

本書可以幫助許多的治療師和案主。然而寫這本書的時候，我發現，除了我和其他 REBT 治療師出版的心理自助資料之外，這些案主也可以好好使用這些心理自助的資料，來幫助他們與治療師的合作，以及如何靠自己努力獲得優雅的改變。沒錯，優雅的。

更精確的說：我寫這本書是想讓本書的讀者，也就是你，了解情緒改變的幾個重要層面。藉由閱讀本書，你將了解到：

- 你可能無謂而愚蠢地順從了你先天或後天的傾向，讓自己陷入嚴重的焦慮、憂鬱、憤怒、自厭，以及自憐。
- 你可以改變那些對你造成困擾的想法、感受，以及行為，進而讓自己的煩惱大為降低，也不再自我挫敗。
- 你可以堅持並堅定地使用 REBT 方法，而且一直運用，直到你自動而習慣性的遵循這些方法，進而減少你的困擾。而且在你的生活中，無論是發生苦難，或是你讓苦難發生，都能以同樣的心態看待。

你可以利用這本書，減輕你的神經質傾向，並緩和困擾。藉由學習與執行下列幾點：

- 單單現在或過去的事件本身，並不足以讓你不開心，很大程度上來說，是你讓自己不開心、產生心理困擾的。

- 由於多半時候是你選擇讓自己不開心，所以你也可以選擇避免讓自己不開心。
- 你選擇困擾自己的方式，主要是製造出絕對性的「必須」和「要求」的信念，把你對成功、讚許和愉悅的偏好（preferences），轉變成不健康的固執和指令。

　　一旦你清楚了解這些想法是如何讓自己產生困擾，你就能進行以下的做法：

- 努力把那些專橫的「必須」想法，轉變成堅定而保有彈性的偏好。
- 徹底修正那些伴隨「必須」想法而產生的困擾感受和行為。
- 讓自己不再用「要求」的方式，來進行思考、感受和行為。
- 習得一套穩定而堅定的人生哲學觀，幫助你相信：世界上沒有任何事物（是的，沒有任何事物）是真的糟糕、可怕或恐怖的。無論這些事物實際上情況有多差、多不方便、多不公平。
- 停止譴責自己和他人，並完全接受這個觀點：錯誤、不合道德原則和愚蠢的行為，永遠不會讓你或者其他人因此成為糟糕透頂的壞人或爛人。
- 學會本書後段提到的自助原則，建立一套屬於自我幫助的人生哲學，不管你遇到任何失落、挫折、失敗和缺陷（或者一

切都是你咎由自取），你依然有能力，為自己創造相當豐富而快樂的人生。即使你的人生沒有這些困難，可能會過得更幸福。

如何才能讓自己快樂？

你真的能夠擺脫我前面提到的那些心理困擾，獲得更多快樂和自由嗎？可以，而且你很有可能辦到，只要你努力遵循本書中的建議。為什麼呢？因為你，身為人類，生來就具有建設性與創造性的積極傾向，你生來也有能力，能增強這種自我實現的傾向。

皮亞傑（Jean Piaget）、喬治・凱利（George Kelly）、麥可・馬霍尼（Michael Mahoney），以及其他心理學家都證明，包括你和他人在內的所有人類，生來都具有強烈的傾向，會有建設性的積極處理各種問題──從出生直到老去。如果不是這樣，你就不會懂得要吃適當的食物，不會想出如何安全穿越繁忙的車流，也不會允許自己被沒道德的人一直剝削欺侮。所以你小心謹慎，面對成千上萬的問題，想出辦法解決，讓自己活下去。面對諸多的問題。我們人類生來就是知識的建構者（constructivist）！我們，也包括你，懂得主動自發去努力解決人生的問題。你天生就會注意到問題，而且或多或少會想辦法解決。不然你早在年輕時就沒救了，就完蛋了！

面對實際問題的時候，例如吃、喝、走路、各種小事，你不只是行動具建設性，心智和情緒也具備創造力。當你感到非常焦慮、憂鬱或憤怒時，你會注意到自己的感覺，並評斷這感覺是「好」或「壞」，然後通常你會盡力讓自己感覺「更好」一點。這是因為，你的基本目標就是要活下去，以及合理地感到快樂。當你經歷到任何的不舒服、痛苦，或是不開心，不管是身體的還是心理的，你都會觀察、會思考、會驅使自己去減少這些狀況。這就是你的創造力天性。所以要去使用啊！

　　不幸的是，我們人類也有另一面天生、偏向生理、毀滅性的消極傾向。許多樂觀得無可救藥的人，還有那些討論如何減少不幸的「靈性」書籍，都沒有告訴你這個部分！當然了，你很少會故意去毀滅自己。你也不會刻意去造成不必要的身心痛苦。你可以做到，但你很少這樣做。你又沒有瘋成那樣！然而，你與生俱來的毀滅傾向，其實很容易、而且常常會用自我挫敗和破壞社交的方式來思考、感受與行動。對，很容易！對，常常會！而且除了天生的毀滅性傾向之外，你還會火上加油，從父母身上、文化接收更多毀滅性傾向。所以你是加倍不幸啊！

　　以「拖延」為例。有人交辦你一項任務，無論是在學校、工作上，或是在家裡，你發現如果做了，可以得到好結果（例如：得到稱讚和自我滿足）。你就同意接下來了。

　　但是，但是，但是！你愚蠢的耽擱了、延期了，一次又一

次。為什麼？因為你（傻傻的！）想著：「我晚點再做。如果我晚點做會更好、更簡單。」或者你（笨笨的！）想著：「我一定要做到完美，不然我就是個不好、能力不夠的人！所以我晚點再做。」或者你（呆呆的！）想著：「他們不應該把這項困難的任務交給我。他們對我很不公平！這件事不只難，還難到我做不來。他們去死吧！等我想要做的時候，我再做。不然我根本不要做！我要給他們好看！」

如果你是個「正常」的人，你很輕易地就會想出一些強而有力的藉口，和自我挫敗的想法。伴隨著這些，你接著會創造出像焦慮和敵意這類不健康的負面感受，表現出延誤、馬虎行事的拖延行為，或是完全沒有動力。還有，你一旦拖延了，而且一旦你發現這樣永遠得不到你想要的東西，你就會常常想：「我拖延了，我這個人真不好！我沒辦法準時完成這項任務。大家會因為我延誤而鄙視我。他們說得對，我確實是個沒用的白痴！」這些跟拖延相關的想法，部分目的是要你趕快動起來。但其實**這些想法會讓你相信，你、跟你這整個人都很差勁**。接著因為「像我這種沒用的人大概沒辦法有好表現」的自我貶抑（self-downing）想法，造成你的拖延行為更嚴重！

然而，拖延通常很容易自我增強（self reinforcement）。如果你是個有天分的完美主義者，那你可能會過度焦慮於事情做得不完美，而靠著延後工作來減輕你的焦慮，而且——暫時——讓自己感覺好一些。保羅・伍茲（Paul Woods）是位知

名的 REBT 治療師，他把這種焦慮的減輕稱為**緩解**（relief）。焦慮被緩解之後，會讓你感覺很棒，顯然這種「獎勵」對你有幫助，於是你拖延得更嚴重了！

沒有人是完美的，但……

「拖延」只是我在本書中提出的許多例子之一，說明你除了具有健康、優秀的傾向，想讓自己生活得有建設性、富有創造力，能夠妥當地自立自助，同時你也擁有不健康、自我毀滅的傾向，在某些時候會毫無必要地傷害自己。此外，自我挫敗傾向通常會強而有力又頻頻出現。因此，如果你夠聰明，就會在生活善用那股健康、有建設性的驅力，並試圖把不健康的負面驅力降到最低，現在如此，未來亦然。

這就是本書的主要目的：讓你明白，與生俱來的建設性傾向到底有哪些，又要如何驅策自己去加以運用這些正面積極的傾向，藉此克服另一面消極的性格傾向。

永遠總是、完美的——無時無刻且在所有狀況下都能保持如此嗎？很明顯的，不會。由於你的生理和社會天性，所以你永遠會是個「一定會犯錯」的人類。我們都是。沒有人是完美的人或超人，包括你。我們和你：每個人、我們所有人，都常常做出自我毀滅的事。而且我們一定會繼續這樣做。

那麼本書將會讓你了解，如何讓自己大幅減少平常的煩

惱、困擾。本書獨到之處在於，試著教你怎麼**消滅**（uncreate）你的情緒問題和行為問題，並把這些問題減到最少：如我之前所說，讓過去、現在和未來各種逆境對你造成的困擾，都大大減少。最後，有時你會重蹈覆轍：如果真的退步，偶爾又陷入自我困擾的狀態，本書會讓你了解如何快速而徹底地擺脫困擾，重拾內心平靜。若能確實做到，你就能讓煩惱減少得更多。

真的嗎？對，真的，如果你**繼續讀下去**，而且如果你真的有動起來，去使用一些書中「理情行為治療」的方法。沒有什麼奇蹟，不像許多「新世紀」（New Age）的專書隨隨便便就承諾你的那樣。但靠著努力用功和練習 REBT，你一定可以讓自己明顯不受困擾。對，你可以的。

REBT 到底有何不同？

這麼多年來，出版過成千上萬的自助書籍、小冊子、文章，這本書又有什麼稀奇呢？畢竟大多數的書籍都會幫你感受更好，而你要的就是這樣。但本書不只如此。本書還會幫助你變得更好，日子過得更有效率、更快樂，並且幫你維持得更好，避免你在未來再困擾自己。

本書中這些幫助你感受更好、變得更好、維持得更好的方法，也許最後就會成為你所學過最重要的心理自助資訊。這個

治療取向已經為我的許多案主，還有數千位讀過我的作品或是聽過我錄音帶的人，帶來減緩痛苦的重要方法。有趣的是，這些方法不只是我從身為心理學家的實務所得，也能在古老哲學家的作品與思想中探知。

早在我十六歲時，我就有了研讀哲學的嗜好——遠遠早於我想成為心理治療師之前。我對人類快樂的哲學特別感興趣。所以我就開始幫人想方法（特別是我自己！），減少他們的情緒困擾，增進生活中的成就感。

當我把這些合情合理的哲學觀應用在生活中後，我便很少再因為什麼事而感到不幸或困擾。1943 年，我一成為心理治療師執業，我便開始把一些學到的智慧教給我的案主。不幸的是，1947 年時我自己轉換了方向，那時我開始接受精神分析（psychoanalysis）的訓練，接下來的六年，我使用精神分析治療執業。我愚蠢地接受了當時大多數心理治療師宣傳的東西，認為精神分析比其他形式的心理治療更「深入」、更「好」。但是把精神分析用在案主身上的經驗教會了我，這種方法執著於當事人早期的經歷，卻忽視了大家會因為生活中的事件，而用**信念**來嚴重困擾自己，這令我很訝異。我使用精神分析治療的效果，還不及之前使用合情合理的哲學觀之一半。

重新來過吧！四十歲的時候，我回頭投入青少年時期就開始的研究，這次不是單純當作嗜好了，而是要發展理論，幫大家處理自己的情緒問題。我回頭去找了幾位古代哲學家，想了

解這些人對「快樂」與「痛苦」有什麼見解，包括亞洲的孔子、佛陀和老子；希臘和羅馬的名家，尤其是伊比鳩魯（Epicurus）、愛比克泰德（Epictetus），還有奧理略（Marcus Aurelius）。我也重讀了幾位現代哲學家的著作，例如史賓諾沙（Baruch Spinoza）、康德、杜威、喬治‧桑塔亞那（George Santayana）和伯特蘭‧羅素（Bertrand Russell）。他們說了很多！

我以這些哲學為基礎，在 1955 年創立了理情行為治療。在各種認知行為療法中，這是第一個主張注重想法、感受和行為，把這些當成你「情緒困擾」的主要來源，強調藉由改變態度，以減少你的困擾情緒與行為。

我希望 REBT 快速而有效，而我很快就發現真的辦到了。我第一年使用 REBT 的時候，就發現了這一點，對此我發表了一篇研究，說明比起我從 1947 年用到 1953 年的傳統精神分析和分析取向的心理治療，REBT 療法更有效。從那時起有大量研究顯示，這種療法和其他效法的認知行為療法極為有效，而且通常短期即可見效。

Chapter 2

發現、駁斥和推翻你煩人的要求

如果我不夠成功，或是如果我遇到的人事物對我很不好，為什麼會是糟糕透頂或是可怕至極？

讓我們先假設，當你讓自己不開心、讓自己的感受和行為都違反自身利益時，你會把那些健康的偏好，轉變成不健康、非理性的**要求**（demand）和**必須**（must）。我將在本書從頭到尾詳細向你說明並強調：**你可以快速找到這些非理性信念（Irrational Beliefs），並且予以駁斥（Dispute）。**

有一條簡單的規則可以找到非理性信念：假設幾乎所有你獨斷的必須（dogmatic musts）都可以用三種主要的名稱來區分。以下是困擾的感受出現時，你要去找出來的三種主要「必須」想法：

一、嚴重憂鬱、焦慮、恐慌和自我貶抑的感受：

「面對重要的案子，我必須要好好表現，得到重要他人的讚賞，不然我就是不夠好、不值得愛的人！」

二、強烈而持續的憤怒、生氣、暴怒、不耐煩、怨恨的感受：

「別人，尤其是那些我很在乎、好好對待過的人，都必須要友善而溫柔的對待我，不然他們就是爛人，活該受罪！」

三、挫折容忍度低、憂鬱、自憐的感受：

「我的生活狀況必須要輕鬆愉快、沒有挫折，不然這個世界就是個爛地方。我受不了了，我永遠再也沒辦法快樂了！」

如果你有以上任何一種困擾感受，如果你的行為違背了你自己、以及你社交團體的利益，請在你心裡尋找看看是否有這三種主要的必須。假設你有一種或兩種，或者三種都有，而你這個人剛好又很有天分，擅長於編造這些要求，那麼你就很容易把這些要求跟生命中的逆境連結在一起。

你為什麼會常常「用必須來自我要求」呢？因為你就跟別的人類一樣，常會不由自主想追求華而不實的浮誇目標。打從出生之後，隨著你在世上活了幾年，你開始有了強烈的生存與快樂之欲望，你便很容易會產生種種要求。你常常會從「我真的**很想**成功」跳到「我絕對**必須**成功！」；從「我真的**想要你**

喜歡我」變成「所以，你絕對**必須**要喜歡我！」；從「我**希望**我的生活狀況可以很輕鬆」躍為「所以這些狀況**一定要**輕鬆！」。

那麼，你總是會把強烈的希望都轉變成傲慢的要求嗎？不，不會總是，但常常如此！如果普通的欲望受到阻礙，例如打贏桌球賽或看場電影，你還是可以活下去，不會嚴重困擾自己。有時候啦！但如果你有強烈、巨大的驅力或欲望，例如：「我要成為桌球賽冠軍」，或是「今晚就要在年度最佳電影裡看到我喜歡的明星」，那你就要小心了！要是這個欲望被阻撓了，你可能因此鬼吼鬼叫：「我不可以**變窮**。太糟糕了。我氣死了。我受不了了！我的人生好空虛。活下去還有什麼意義？」

你生來就這麼會要求嗎？也許。在嬰兒時期時，你本來就需要被他人悉心照顧、餵飽穿暖、保護你不受到傷害。否則你就會死掉，沒辦法活到今天站在這裡大肆要求和抱怨。

此外，如果你生來就如此需索無度，那你多半會成為一個被寵壞了的孩子，因為你毫不費力就能得到各種想要的東西。或許你受盡各種疼愛與照顧，只因為你是那麼幼小可愛；也或許父母和親戚對你百般縱容溺愛，是因為有了你來當他們的孩子、孫子、姪子、外甥，讓他們開心過頭了。

過了一段時間，你仍然保留那些幼稚的要求，情況並沒有比較好。藉著寓言、故事、電影、電視廣告和流行歌曲，你的

文化一再地告訴你，你應該要擁有昂貴的玩具、冰淇淋能吃多少就要享用多少、要成為家裡附近最聰明、最有天分的孩子、拿到每一樣你真正想要的東西。再過幾年，同樣這批大眾媒體又**繼續灌輸**你：你**應該要**成為搖滾巨星、賺進百萬美元、成為美國總統。對，最起碼也要這樣！其實這些媒體要告訴你的是：表現良好能令你**更受喜愛**。但你卻常常把這點**詮釋**成絕對性的**要求**。

如你所見，你這種過度詮釋的浮誇傾向，既是先天也是後天的。你天生就會自己把強烈的欲望和偏好，變成極端且自以為是的要求。如果要求你不要這樣做，必然得付出許多時間和精力。但你根本懶得去花這個功夫！

可是，面對事實吧，你最好這麼做！身為成人，你一定可以跟那些幼稚的期望與要求共處。如果你跟多數的人類一樣，這些想法不會害死你，但卻會常常讓你的生活過得很慘。對，幾乎無可避免。

為什麼？因為你的「必須」受到了社會現實的反彈。就個人而言，你沒辦法一直都成功，更別說完美的成功。身為一個會犯錯的人類，你就是做不到。

至於，你要求別人**必須**要不斷地取悅你、愛你、聽你的吩咐。算了吧！他們就是不會這樣做。信不信由你，他們只會專注於取悅自己。他們就是這麼惡劣！

至於要讓這個世界**必須**剛好在你想要的時候，給你想要的

東西——哎呀，不可能。門都沒有。老實說吧，這宇宙根本不在乎你的欲望，對你也沒什麼興趣。沒有，怎麼說都沒有。這宇宙不愛你也不恨你，它只是照著自己的方式在運轉（開心或是不開心的）。像你一樣活在這世界上的人們，也許有能力改變這世界許多的現狀。是的，大家都可以對經濟、政治、生態，或其他嚴苛的局勢做點什麼。但是他們會做嗎？不多，也不徹底，更不常做！

那我們就清楚了。你想要、非常想要成功，想要別人親切待你，想要**擁有**無憂無慮的生活。好啊，就去想吧。但是在你覺得自己**必須要**讓這些欲望實現、在你提出各種**要求**的時候，請小心！你那如神諭般的命令通常會帶來幻滅、挫折，和「糟糕的事」。不是說你、其他人，或這個世界的樣子，會真的變得糟糕，而是一旦你神聖的「必須」沒有達成，你就很容易會把這些狀況視為「糟糕透頂的事」，也讓自己因此變得很不開心。

這就是獨斷、專橫的「必須」所創造的：**糟糕化**（awfulizing）、**我簡直無法忍受**（I-can't-stand-it-itis）、**譴責**（damnation）**自己或他人**。這些都是伴隨著你的必須而出現的想法，而且常常會變成非理性信念。不僅如此，當你告訴自己以上三項瘋狂的必須時，你常常還會加上幾條次要的非理性信念：

- 「因為我必須在我的感情（或是運動競賽、事業、藝術、科學）獲得成功，而我並沒有做到我應該有的表現，所以：①這實在太糟糕、太可怕了！②我受不了這個！③我這個人真沒用、真不夠格！」

- 「因為你沒有像應該做到的那樣，親切而公平的對待我，所以：①這實在太糟糕、太可怕了！②我受不了這個！③你這個人真沒用，真不夠格！」

- 「因為我的生活很難過、讓人沮喪，我的生活不應該是這樣的，所以：①這實在太糟糕、太可怕了！②我受不了這個！③這世界爛透了，從來沒有給我真正想要的東西，應該要灰飛煙滅！」

再說一次，你生來就容易受到困擾。你所受的教育，期待你去獲得那些你非常想要的東西。你的文化也經常教導你：你理應得到滿足。但是那些幼稚的要求最好不要再繼續了。在這充滿挫折的世界，這些非理性信念將會阻礙你成長茁壯，而使用 REBT，你可以主動對這些非理性信念予以駁斥。

要如何減少那些強大的「必須」信念，以及自我毀滅的後果呢？這麼說吧，當你覺察到自己的感覺與行為具有破壞性時，就可以趁機找出你的非理性「必須」。然後予以駁斥，把這些獨斷的想法轉變回有彈性的偏好，或者是有效的新哲學觀（Effective New Philosophies）。你也可以駁斥「糟糕化」、

「我簡直無法忍受」和「譴責自己、他人和這個世界」的想法。例如，使用這些合乎現實、合乎邏輯、實際的駁斥方式：

駁斥「糟糕化」

提問：「如果我不夠成功，或是如果我遇到的人事物對我很不好，為什麼會是糟糕透頂或是可怕至極？」

第一個答案：「才不是！如果狀況很糟糕，那就是情況真的有那麼壞，或是壞到底了。可是很明顯的，情況還可以比現在更不好。我還可以比現在更加失敗，這些人事物可以比現在更加困擾我。實際上，我遇到的事情幾乎沒有什麼是絕對或百分之百糟糕透頂的。」

第二個答案：「我認為事情糟糕、可怕的時候，常常是指事情比壞還要更壞，或是 101% 的壞。但是沒有什麼事會比100% 糟糕還更糟糕。」

第三個答案：「如果事情真的很糟糕又很可怕，就會比它『絕對應該』要變成的情況更可怕。但事情就只是現在看到的這麼差而已。事實上，它一定只能是眼前看到的情形這麼差。此刻，事情也不可能變得比現在的壞情況要好。可是，當我把這情況說得很糟糕，就表示我認為這事情差勁到不應該存在。但是，任何已存在的事物就是**必須**存在了，所以並沒有什麼事情是真的糟糕透頂、可怕至極或恐怖的，這些字眼都是形容壞

到了極點的意思。很多事情是不好，或是非常不好，違反了我的利益，也違反了我選擇生活在其中的社會團體利益。然而，無論事情有多不好，也可能只是相當不幸，或者非常麻煩而已。從來沒有什麼事情是糟糕、可怕、恐怖，除非用我自己任性、自我挫敗的定義來看待。其實，不過就是差勁透頂罷了！所以，就讓我盡力改變這個不幸的情況吧。如果我真的覺得改變不了，那我就接受它，並與它共處。哀嘆事情有多糟糕，只會讓情況比壞還要更壞，還會令我感到更加悲慘！」

第四個答案：「如果我把失敗和拒絕定義為糟糕，而非不好或不幸，這個定義會讓我變得如何？通常結果會很糟糕！我會討厭自己、他人和這個世界，讓我自己變得比原來更加不幸。我更常會因為這樣，憂鬱得更嚴重。」

駁斥「我簡直無法忍受」

提問：「讓我感到受不了了，非常難受、挫折和不公平的情況，證據在哪裡？」

答案：「找不到！那只是我創造出來的。如果我真的沒辦法承受這麼壞的狀況，我會因此而死。但是我很少會因為難受、挫折或不公平而死，不過我可能因為覺得自己承受不住，而笨到去自殺。」

「再說一次，如果我真的受不了失去心愛的人、工作表現

差勁，或是被人不公正的對待，那我根本就不會快樂，餘生再也沒辦法享受任何事物。廢話！不管我生活中存在什麼樣的狀況，就算是貧窮或是絕症也一樣，只要我覺得可以，只要努力去找，我仍然可以找到一些值得享受的事物來追尋！所以我可以承受、可以容忍幾乎所有我真的不喜歡的事物與情況。」

駁斥「譴責自己與他人」

提問：「如果我的成功，達不到我必須做到的程度，那我會是個如何沒價值、不夠格的人？如果別人沒有像他們應該做到的那樣對待我，會變成如何不好、不夠格的人？」

答案：「無論如何，都不會！也許我經常會做些愚蠢的傻事，但是無能的行為也絕對不會讓我變成一個沒價值、不夠格的人。除非我把自己定義成那樣！別人很容易就會對我很壞、很不公平，但是他們糟糕的行為絕對不會讓他們變成不好、不夠格的人。沒有人是次等人類，包括我自己和其他人——充其量只是很會犯錯、沒那麼善良的人罷了。」

駁斥自我挫敗、非理性的信念，是 REBT 最主要也最有幫助的方法之一。你可以坦白承認，除了你自己，其他的人或事都不太可能讓你真的感到不開心，它們或許在你的人生中放進了不幸的促發事件（Activating Events）或逆境，但你可以選

擇要不要為此難過、折磨自己。你可以用這把有效的鑰匙，頑強地拒絕讓自己因為任何事而不幸，對，任何事！如同我最受歡迎的 REBT 自助書籍書名所說[1]。

　　真的嗎？對，真的。也許你的先天和後天都帶有強烈的傾向，會讓你容易對許多事感到恐慌、憂鬱或暴怒，唉，就像很多人一樣。而由於這些受困擾的感覺也會有生理層面的原因導致，所以當生活中很少、或沒有發生逆境時，你的大腦和身體的化學作用，也有可能會把你拋進情緒困擾的狀態中。太糟了！難搞啊！就算沒有自己的瘋狂想法，你也可能會真的被丟進異常的情緒感受和行為漩渦中。對，起源於你的生理反應，有時可能是來自你遭遇的不尋常困難，例如營養不良或身體受虐。然而，現在你因為情緒困擾和身體缺陷，所經驗的驚惶與可怕的感覺，大多還是你自己造成的——是你個人想法的結果。

　　怎麼會這樣呢？因為，就算你的生理狀況和成長歷程造成了困擾的出現，「正常來說」，你還是有很強的傾向，**會因為這些困擾而困擾自己**。你的身體生化狀態也許會突然出毛病，可能有天早上醒來，並沒什麼特別原因，你感到了嚴重憂鬱，然後也許就這麼一直憂鬱下去，直到不平衡的化學狀態自行恢復正常，或是等你用抗憂鬱藥幫身體調整過來為止。但給「憂

1　《How to *Stubbornly Refuse to Make Yourself Miserable About Anything*——Yes! Any thing!》，1988 年 7 月出版。臺灣目前尚無譯本。

鬱」火上加油的是：你可能常會告訴自己：「我絕對不能憂鬱！」、「不公平，我的生理狀態不好，我簡直無法忍受這種不公平！」、「我憂鬱了，我這個人真沒用，何況我又沒有什麼理由出現這樣的感覺！」這些對憂鬱的非理性信念，會放大與增加你不愉快的程度，常常會讓你比一開始還更加憂鬱。

同樣的，你小時候可能也曾因為受到肢體虐待或性虐待，保護不了自己，而真的被迫進入憂鬱的狀態。但事情並非完全如此：如果有一百個其他的孩子，跟你一樣受到極度的虐待，他們極少可能是所有人都陷入嚴重憂鬱。

不管怎麼說，如果你還因為童年受虐而依然非常痛苦，現在或許會非理性地這樣想：「我早年的受虐經驗絕不應該發生的！」、「這種不公平的事太糟糕了，現在我光是想到也受不了！」、「那些虐待我的人爛透了！我要用我的餘生憎恨他們，向他們討公道，我決心要做到！」、「我一定是個弱者，才會讓自己被虐待！」這些非理性信念會使得你原來的情緒困擾一直栩栩如生，而不是隨著時間任其自然消逝。然而，如果你沒有老是鑽牛角尖、持續用扭曲的思考去增強，其實這些困擾是會逐漸散去的。

寓意是：就算身體生化平衡的缺陷或受虐的創傷經驗，使你很容易就走向嚴重恐慌、憂鬱、憤怒，但自我毀滅的行為和非理性思考也可能造成你情緒上的苦痛，並且讓這些苦痛存留更長時間，持續增強。因此，你所承受的劇烈、長期的痛苦，

你自己至少要負起一些責任。而且你應該感到開心，因為你還可以負責。就像我一直提到的，**你很幸運，你的困擾是自己幫忙創造和延續出來的。這表示，你自己就可以停止這些困擾。對，你可以！如果你發揮自我的力量來克服。**

如果你是個「不錯的神經質者」，經歷過普通的挫折和人生的逆境，例如學業、工作或愛情的失敗，又執著於必須和要求，因而情緒上過度反應，這樣算幸運嗎？比起身體上的生物化學不平衡讓你罹患嚴重的人格疾患，這樣有比較好嗎？

坦白說，沒錯。我所說的「不錯的神經質者」——或幾乎所有的人類，對於不幸的逆境都**選擇**了過度反應，愚蠢地堅持這些狀況不應該發生。他們有意無意地**訓練自己**這麼做。所以，他們當然也可以藉由一些努力訓練自己，雖然做不到喜歡，但可以接受麻煩和困難。這樣想，不是很棒嘛！

即使是困擾更嚴重的人，也可以藉由努力去消除所受的一些不開心。但沒那麼容易！他們需要付出更多的時間和努力，有時會多很多。所以讓我們期望，你就像大多數的人一樣，是個普普通通、常見的神經質性格。那麼，這本書的確是為你而寫，能在相當短的時間內給你最大的幫助。當然，前提是如果你有聽話，並好好使用。對，要使用，還要執行書裡所說的方法。

但假設你的狀況越來越糟：你比神經質還要更嚴重一點了。那你是不是就別讀書了，快找精神科醫師，趕緊去吃藥，

也許還要找家精神病院住院呢？

　　未必如此。這些療程有些對你可能仍有幫助。所以不要老是拒絕，或堅持說你一定要靠自己克服情緒疾患。如果罹患糖尿病或癌症，你會去看醫生尋求治療——如果你不是狂熱的自然主義者。因此，如果心理生病了，你就該去看心理衛生專業人員。趕快，不要用走的，去找最棒的診所或執業醫師。不管你的心理困擾多嚴重，幾乎都可以得到藥物和心理治療。所以，尋求專業協助吧。快！

　　那這本書還有用嗎？非常可能——有用。這本書說明的REBT，以及其他認知行為治療法，都曾經成功的用在一些困擾最嚴重的人身上，包括精神病患，和那些罹患嚴重人格疾患的人。雖然這些人沒有完全康復，但他們大多受到相當大的幫助，在往後的日子活得更豐富、更快樂。因此，如果你自己、或是親戚朋友有人罹患精神疾病，那麼詳細研讀本書、並應用書中的方法，應該會很有幫助。多年來，有數百位讀者和錄音帶的聽眾寫信給我，可以作為擔保。還有許多心理衛生專業人員也告訴過我，病人和案主常從 REBT 的書面和影音資料中獲益匪淺。

　　回到你身上。你正在閱讀這本書，也許是因為你或身邊的人有情緒問題。書中的方法可以成為創造奇蹟的神藥嗎？不行。那會很有幫助嗎？如果你加以思考並運用這些方法，是很有可能的。嘗試，實驗看看吧。你自己看看這些方法會有什麼

效果。如果這些方法可以幫你減少些困擾、更快樂一點，那很好。**如果可以幫助你讓自己更快樂，而且大幅減少困擾，就太美好了！**這就是我給你的目標。我認為你可以做得到。如果做到了，請告訴我，我正在編纂一本書，針對各方使用 REBT 和其他方法自助並獲得顯著改變的人，收集他們所回報的經歷與故事。也讓我收錄你的故事好嗎？

在下一章，我將會詳細說明理情行為治療法的基礎知識（ABCs）[2]。你可以快速開始使用這些方法，減輕幾乎任何情緒困擾，然後過一陣子，再進入更深入、更徹底、更持續的自我治療。

2　這是作者的雙關語，ABCs 可以指入門的基礎知識，也可以指 REBT 的基本概念 ABC，請見下一章。

Chapter 3

讓自己顯著改變的ABC

幸運的是，如果你有困擾，那大多是你讓自己變成那樣的。通常你也有能力和力量做出比較不愚蠢的行為，幫助自己擺脫情緒困擾。

　　要記住：困擾大多是你自己造成的，而你可以選擇讓自己快樂。

　　在我第一本自助書《如何與神經質的人們共處》（*How To Live With A "Neurotic"*）中，我說明了情緒困擾主要是來自不愚蠢的人，做出了愚蠢的行為。當你有困擾時，通常你會為自己設定目標和目的，尤其是要活著、要快樂，而你的行為卻（不可思議地）常常跟這些目標背道而馳。因為你的思考、感受和行為都很愚蠢，所以你就變得——不，大多是你讓你自己變得——嚴重焦慮、憂鬱、憤怒、自厭和自憐。伴隨這些自我毀滅的感受，你常常反應不足（逃避、拖延、退縮或罹患恐懼症），或是過度反應（讓自己對酒精、藥物、暴食、吸菸或其

他衝動上癮）。

　　真是一團糟！然而幸運的是，如果你有困擾，那大多是你讓自己變成那樣的：你創造出自我挫敗的行為。這是REBT主要的教學內容之一，我也會在這本書中不斷證明這點。你並不是被動地變成心煩意亂或難過。不。大多是你自己有意無意的**編造**（manufacture）出自己的困擾。而你會了解到，這很棒。對！因為如果是你讓自己陷入煩惱，通常你也有能力和力量做出比較不愚蠢的行為，幫助自己擺脫情緒困擾。

　　遵循 REBT 的教學內容，你將有能力讓自己擺脫情緒困擾，在你需要的任何時刻實踐，而且效果很好，在未來的人生中，真的可以讓自己明顯不再那麼容易受困擾。這代表什麼意思呢？這代表如果你能明智地用思考、感受和行為，對抗你給自己（和別人）創造情緒問題的傾向，而且如果你能持續這樣做，你將不再會讓自己輕易地因為任何事（對，任何事）受困擾。還有，如果你笨到退步，又開始陷入自尋煩惱，你會知道再次使用之前的技巧，快速且更輕鬆地停止你愚蠢的行徑。無論你是使用 REBT 方法，或是其他類似、遵循 REBT 理論及實務的認知行為治療法（cognitive behavior therapy, CBT）時，都能做得到。

REBT 到底是什麼？

　　使用 REBT，要怎麼讓你迅速快樂起來，並在未來的人生痛苦更少呢？首先，讓我先解釋 REBT 的 ABC，這是個簡單、但極為重要的概念。1955 年，我發展這些方法的時候，主要是以哲學家的著作為基礎來開創，而不是當時的心理學家或其他心理衛生專業人員。（除了 ABC 之外，以下有些概念，你在上一章已經看過了）

　　簡單的說，你一開始有個**目標（Goal, G's）**，然後你常會遭遇促發事件或逆境（A's），阻礙或妨礙了這些目標。所以，發展的過程如以下：

- **A（促發事件或逆境，Activating Event or Adversity）**：例如，你想要在學業、工作、運動或感情中獲得成功，結果失敗了。
- **B（信念，Beliefs）**：尤其是非理性信念，一股腦兒就覺得自己會失敗或者被拒絕。例如，「我一定不能失敗！我必須被錄取！失敗太糟糕了！我被拒絕了，真是沒用！」
- **C（結果，Consequences）**：因逆境和非理性信念而產生的情緒和行為結果。例如，嚴重焦慮和憂鬱的感受。退縮、放棄目標等自我挫敗的行為。例如：退選一門課、沒有努力找個好工作、退出某項運動，或拒絕約會、與人深交。

為了說明，讓我們從 C（情緒的結果）開始，通常在你經歷到 A（不幸、討厭的促發事件或逆境）之後，C 幾乎就會立刻出現。喔，不。為了更精確點，讓我們回到 A 和 C 之前的階段，也就是從 G（你的主要目標）開始。

　　我們來假設，你的主要目標（G）是要再多活很多年，過得快樂，尤其要跟一位長期伴侶在一起。為什麼這些是你的主要目標呢？因為你相信，這些會為你帶來快樂。你選擇這些目標，是根據你的生理傾向、你的家庭與文化經驗，以及個人獨特的偏好。無妨。你有權力選擇這些目標（G），或幾乎任何其他目標，只要（如果可以的話）你不去干預其他人選擇、努力達成他們的個人目標。

　　假設現在你活蹦亂跳的、過得很好，但是你的重大目標「擁有一段長期的感情」被阻礙了。在 A 點（促發事件或逆境），你最渴求的對象拒絕成為你的伴侶，還對你說：「離開我的生活！我沒有興趣跟你交往。你不是我喜歡的類型！」

　　啊！你的 A 跟個人目標與利益衝突了，所以相當不幸呢。真是令人不快。所以在 C 點（你的情緒結果），你幾乎是緊接著 A 產生了不開心的感受。至少可以說，你合理的偏好現在被阻礙、阻止、破滅了。這並不能算「好」或「很棒」。至少對你而言，不是！

　　REBT 主張，當你的目標在 A 點（逆境）被阻礙，你覺得挫折失望（在 C 點）的時候，你的感受是負面的，但是這種

感覺也是健康而有用的。如果你期望成為伴侶的對象拒絕你，你卻感到快樂或興高采烈，那可不能算是良好或健康。那不就代表，你樂於看到內心不想要的事情發生嗎？這樣多奇怪、多不健康啊！

還有，你在 A 點（逆境）被拒絕之後，如果你在 C 點（結果）完全無動於衷、毫無感覺，那也算不上好事。因為那表示你傾向放棄目標，不去投入長期的感情，也不會努力試著與另一個對象交往。

因此，REBT 中「A 導致 C」之連結所表達的是：你的任何目標（G）被促發事件或逆境（A）阻礙的時候，你最好要有相當強烈的負面感受，或是情緒的結果（C）。否則，你就不會驅使自己去追求、或嘗試找出更好的安排。相對不順利的促發經驗（A）會幫助你實現一些最鍾愛、期待的目標，只是時間早或晚而已。

好的，以上說明我們都了解。但是，REBT 中「A 導致 C」的連結同時指出，你在經歷到不幸的 A（促發事件）之後，最好不要在 C 點（結果）創造出不健康或是不正常的負面感受。不健康的 C，就像嚴重焦慮、憂鬱、自我憎恨、對他人憤怒，以及自憐這類的感受。為什麼你最好避免經歷到這些 C（結果）呢？因為這些結果經常會干擾你實現目標，而且也常讓人感受到不必要的痛苦。

「A 導致 C」的連結也警告你，不要製造自我挫敗的行為

（C），這常常會伴隨著你不健康的情緒結果出現。換言之，如果在可能的伴侶明確拒絕你（A）之後，你感受到了嚴重的憂鬱（C），那日後在 C 點上，可能導致你面對其他可能的對象時，也許會舉止羞怯，或拒絕跟任何人約會。如此一來，就能避免你再次遭到拒絕、又讓自己憂鬱。或者，你也可能走向另一個極端，強迫性地與多名可能的伴侶約會，拼命想吸引到至少其中之一。

REBT 提出這個獨特的觀點：**你可以選擇你的情緒和行為**。當重要的目標被逆境阻礙，你在 C 點（結果）大多可以選擇健康或不健康的感受。在你經歷到不幸的 A 阻礙你的期望和目標（G）之後，你幾乎每次都會有所反應。但是如何反應，則大多取決在你自己。

接著，我們來談談 REBT 中 ABC 的 B。B 就是你的信念系統（Belief System）──你對 A 事件的思考、想像和評估的內容。首先，B 包含了偏好、希望和需求，其次是絕對性的要求、命令、必須、應該和應當。所以你的 B 包含各種大相逕庭的信念，可能會造成健康與不健康的 C。

先看看你的偏好。現在，你重要而合理的目標又是：「找到能穩定交往的親密伴侶」。你在 A 點（促發事件或逆境）被你選擇的理想伴侶拒絕了，對方對你說：「滾出我的人生！我沒有興趣跟你交往。你不是我喜歡的類型！」這段本來可能成真的感情結束了。

假設，現在你對於被理想對象拒絕（A）的主要信念（B）只是一種偏好或希望：「我很希望被這個人接受，真的希望不要被拒絕。但是，我還有其他的選擇。我可以找到其他適合的伴侶，在新的感情中過得愉快。就算我從來沒有跟我選的伴侶穩定交往過，我還是可以談一場短暫的戀愛、過快樂的生活──甚至快樂地單身。好，那接下來我要怎麼做，才能找到我理想的伴侶？」

在 ABC 中，如果你在 B 點上非常堅持「偏好」的信念，當你在 A 點遭遇了逆境，那你的感受如何呢？答案：非常可能是相當傷心與失望。這些是健康的感受，因為你沒有得到真正想要的東西，而這些負面感受會驅使你**繼續努力**。這很好。悲傷、沮喪、後悔、挫折，這樣的負面情緒會鞭策你，還有所有其他的人類，努力去改變不幸的 A，促使更多幸運的 A 發生──例如：在未來終於有人接受你、與你交往。因此，這些感受雖然是負面的，但仍然是有益的。當你的希望受到阻撓時，你健康的產生了這些感受。所以，要讓你的信念「**留在偏好**」！這樣的信念所帶給你的感受是有用的。

然而，要是你對不幸的 A（逆境）抱持著「要求式或命令式」的信念，那可要小心了。假設你被一個可能的「好」伴侶拒絕了，而你相信：「我絕對不可以被拒絕！我必須要被接納！我需要一段穩定的伴侶關係，失去這一段，就證明了我是個沒有價值的人！被拒絕太糟糕了！我受不了！我最好不要再試著

跟任何人交往了。」這樣你在 C 點（結果）會有什麼感受？

最有可能產生的是憂鬱、恐慌和自厭。那些要求式的信念（B）和不健康的感受（C）會讓你變成什麼樣子呢？或許什麼都不是。這些非理性信念和不健康的負面情緒會造成你不願再約會、不再努力跟人交往。不然就是隨便找個你沒那麼喜歡的伴侶將就。這可算不上很健康的行為啊！

總結來說：當你的重要目標被逆境（在 A 點）阻礙時，而你（在 B 點）主要是**偏好**和**希望**得到你想要的東西，如果你得不到，就**繼續努力追尋**，那此刻你將產生健康的負面情緒（情緒的 C），進而導致你有建設性的行為（C）。但要是你讓信念（B）變成絕對性的必須和要求，多半會產生不健康、毀滅性的負面感受（C），進而導致自我挫敗的行為（C）。你一開始製造的是「A → C」的連結，但其實「B → C」的連結更為重要，因為你在 C 點所產生的那些感受和行為，大多是來自你在 B 點（信念）對 A 點（促發事件）的思考、想像與推斷而創造出來的。

如果 REBT 的 ABC 模式正確（許多心理實驗、心理治療、諮商晤談都顯示確實如此），那麼身為會思考的人類，你就有能力觀察你的信念，看看你絕對性的要求和必須，大部分是如何創造你毀滅性的感受和行為；你也有能力，把這些非理性信念變回堅定的偏好，而非浮誇且不切實際的命令。

例如說，假設你被一個「很棒」的潛在對象拒絕了，你的

戀愛目標被逆境（A）阻礙，你覺得憂鬱、沒有價值（情緒的C），你也不再試著找尋伴侶（行為的C）。此刻，你的情緒與行為都非常不好，而你想擁有健康的情緒與行為結果。你該如何努力，才能做到？

要達到健康的改變，主要是藉由前進到D：**駁斥**（Disputing）。你承認自己毀滅性的B〔在REBT中我們通常稱之為非理性信念（IB's）〕，並挑戰與駁斥（D）這些信念，直到你將之轉換成健康的理性信念（RB's）或偏好。你有三個主要的方法可以做到這點：讓你自己的想法、情緒感受和行為出現改變。

重要的是想法

我們來看看，當想法不同，你可以做到什麼。當你知道自己的情緒和行為有毀滅性的時候（違反你的目標和利益），就先假定你有健康的偏好（RB's）以及不健康的必須和要求（IB's）。你要弄清楚，並找出後者。假設你順利找到了，你提出了之前提過的非理性信念：「我絕對不能被拒絕！我必須要被接納！我需要穩定的伴侶關係，沒有這一段感情，就證明我是個沒有價值的人！被拒絕太糟糕了！我受不了了！我最好放棄努力跟人交往了。」

接著，從三個主要的方向來駁斥（D）這些非理性信念

（IB's）：一、合乎現實或經驗上的駁斥；二、合乎邏輯的駁斥；三、合乎實際面的駁斥。這樣做之後，你就會得到 E：有效的新哲學觀（Effective）。

我們來試一下這三種駁斥方法。

一、合乎現實或經驗上的駁斥

「我絕對不能被拒絕，證據在哪裡？」

答案（E，有效的新哲學觀）：「沒有！除了我的傻腦袋以外！如果有什麼宇宙法則說，我永遠必須被接受，那我就會被接受啊！很明顯的，這種法則不存在。事實是我被拒絕了，未來也很可能還會被拒絕。現在我可以做什麼，讓我比較不會被拒絕、更容易被我想交往的人接受呢？我偏好被人接受，但很明顯的，我不是非得如此。」

二、合乎邏輯的駁斥

「我非常想要穩定的伴侶關係，但是我怎麼會推論出我絕對需要這個呢？失去這個可能的伴侶，又怎麼證明我是沒有價值的人呢？」

答案（E，有效的新哲學觀）是：「不會。這只能證明我這次失敗了，但不代表我是個失敗者，也不代表我是徹頭徹尾、內在本質毫無價值的人。邏輯上，我不能從『我這次表現得不好』跳到『我是可憐而卑微的人』。」

▌三、合乎實際面或務實的駁斥

「如果我一直相信『我絕對不能被拒絕』、『如果我沒有被接受,我就是沒有價值的人』、『這次被拒絕太糟糕了』、『我受不了了!』,這些非理性信念(IB's)會讓我變成怎樣?」

答案(E,有效的新哲學觀)是:「什麼都不會。但我會讓自己感到非常沮喪。我會相信自己無法被好對象接受,這個信念會使我一直失敗。我會讓自己放棄繼續努力找到好伴侶,所以可能就真的永遠找不到伴侶了。就算我最後贏得好伴侶的心,我仍然會過分焦慮,深怕以後失去對方,結果可能因此輕易毀掉這段感情!」

只要你持續積極而堅持地駁斥(D)自我挫敗、非理性的信念(IB's),那麼,你可能很快地就會得到替代性、具有彈性偏好的理性信念(RB's),例如:「我討厭被這個理想的伴侶人選拒絕,但是我總會找到接受我的人,如果沒有,我還是可以過快樂的生活。如果我被接受了,那很棒,但是我從來就不是必須如此。我想要的東西,我確實渴望,但不是絕對需要!這次我失敗了,但我從來就不是徹底的失敗者。被拒絕讓人很不舒服,但是並非糟糕或可怕!我永遠不會喜歡被人拒絕,但是我可以承受得了,我還是可以過著愉快的日子。」

任何重大的逆境（A）發生之後，如果你的感受和行為在自我毀滅，如果你認為你有絕對性、必要性的要求和必須（IB's），假如在這樣的情況下，你能強迫自己不斷駁斥這些非理性信念，你終將得到具有彈性、偏好上的理性信念（RB's），產出健康的情緒、感受和行為。在未來的生活，你將有更大的可能達成更多目標，碰到更少的挫折和煩惱。

　　所以，主動積極而堅持地駁斥自我毀滅的信念，對你大有助益。如此的改變，可以帶來健康的想法、情緒和行為。當然，還有許多其他與思考、感受和行為相關的方法，也能有效幫助你。如同我在為專業人員和大眾寫的書中提到的，REBT的方式永遠是多重而多元的。在本書後面的章節裡，我會詳述REBT最好的方法。

Chapter 4

只要你覺得自己做得到，
就可以改變自己：
五種建立自我的信念

你確實可以幫助自己處理情緒問題。該從哪裡開始呢？身為一位哲學家兼治療師，我會說：「從幾種有建設性的態度開始。」

　　數千年來，哲學家和傳教士都說過、也寫過——**你能幫助自己改善情緒問題**。例如古代的亞洲人：孔子、佛陀、老子，還有其他許多人。古希臘和羅馬人：季蒂昂的芝諾（Zeno of Citium）、伊比鳩魯、西塞羅（Cicero）、塞內卡（Seneca）、愛比克泰德、奧理略等人。早期的猶太人與基督徒：摩西、《箴言》（*Proverbs*）的作者、《塔木德》（*Talmud*）的注釋者、耶穌、保羅等人。

　　「你能幫助自己」的觀點，也大多延續到現代，出現在許

多作家與哲學家的作品中。例如：邁蒙尼德（Maimonides）、史賓諾沙、康德、愛默生（Ralph Waldo Emerson）、梭羅、杜威與羅素。不幸的是，這個觀點被佛洛伊德（Sigmund Freud）和許多其他治療師破壞了，他們一致認為，幫助自己的「正確」方式，是找個有同情心的專業人員進行談話治療。阿德勒（Alfred Adler）、卡爾・榮格（Carl Jung）、埃里希・佛洛姆（Erich Fromm）、卡倫・荷妮（Karen Horney）和卡爾・羅傑斯（Carl Rogers），以及許多其他的治療師，大多支持這個觀點。現在大多數的治療師依然如此。如果你覺得焦慮、憂鬱或憤怒，他們大部分的人會說，最好進行幾個月或幾年的談話治療，來擺脫情緒困擾。

這方法是不錯。但是這些心理學家做得還不夠。這五十五年來，我一直是個努力不懈的心理治療師，我的晤談次數和處理過的個案量可能比任何心理治療師都多。我已經八十五歲了，而且常常從早上九點半就開始工作，跟個案晤談到晚上十一點，還包括每週帶領四個團體、進行固定的週五夜工作坊，並在裡面跟自願的案主公開晤談。所以我不算懶惰吧！

1955 年初，我促成了心理治療的改頭換面，因為我創立了第一個認知行為治療法：理情行為治療法（REBT）。這是主要的談話療法之一，因為形式就是我跟我的案主說話，而他們通常可以自由地對我想說什麼，就說什麼。這也是種關係療法。身為 REBT 治療師，不管我的案主行為好不好、是否討人

喜歡，我都會盡我所能無條件的接納他們。我也教導他們，要如何在各種情況、任何時間，都能無條件的接納並寬恕自己——當然，不包括他們做出的某些行為。此外，REBT 也納入了社交和人際技巧訓練。

REBT 也從一開始就一直敦促案主們做**家庭作業**（homework），包括閱讀、寫作、聽錄音帶、參加演講和工作坊。我在 1956 年寫了第一本討論 REBT 的書籍《如何與神經質的人們共處》，隨後很快又為大眾寫了一些其他主題的書，談個人功能（personal functioning）、性關係、還有婚姻關係。這些書有些非常成功，例如《理性生活指南》，鼓勵了許多其他作者撰寫認知行為治療的自助書籍。看看《紐約時報》和其他非文學類的暢銷書排行榜，你通常會在榜單上頭找到一些這類書。

這些自助手冊，以及現在你手上的這本書，重點很簡單：**你確實可以幫助自己處理情緒問題。**該從哪裡開始呢？身為一位哲學家兼治療師，我會說：「從幾種有建設性的態度開始。」**如果你認為自己辦得到，就可以改變。**在這章中，讓我們來看看幾種改變自我的重要想法。

第一種建立自我的信念

「因為我大多時候是自尋煩惱，所以我一定可以停止困擾我自

己。」

　　如我在前面幾章談到的，精神分析和大多數其他形式的心理治療都告訴你，是你的父母、你的文化和糟糕透頂的過去讓你困擾。胡說八道！這些經驗通常沒替你帶來什麼好處，卻造成了許多傷害。因此，這些不好的經驗會「助長」你的困擾，但不會是「造成」你痛苦與煩惱的原因。奇怪的是，你才是造成自己煩惱的根源。因為與生俱來或是後天使然，你同時帶有活得快樂的天分，也有讓自己不開心的天分。

　　你搞慘自己的時候，通常也傾向於否認這點，而把自我挫敗的感受和行為怪在別人頭上。「你惹我生氣。」、「我的伴侶讓我很煩！」、「天氣讓我憂鬱。」、「這個狀況讓我覺得焦慮。」錯了。但是幾乎所有人都會錯誤地編造出這種推託的方式，而且幾個世紀以來，還一直受到無數心理學家、作家、詩人、歷史學家和社會學家支持。

　　我們為什麼傾向做出這種錯誤的結論呢？因為我們自然而然的就會這麼思考。就算是我們之中最聰明的人，也常會在審視過人生後，得出這個「事實」。我們的先天和後天，都讓我們非常容易受到暗示影響。要我們眼睜睜看著所謂的現實、接受現實許多無情的層面、為許多發生在我們身上的壞事擔起責任──我們常常很難做到。我們寧願怪罪他人，認為是其他人事物讓這一切發生；而就算我們有部分算說對了，但我們也常

常被自己欺騙。

以幼年時期常常發生的事為例。小小年紀的你吃東西的時候，意外打翻了一杯牛奶，把身上和桌子都弄濕了，你因此被大人吼罵了一頓。你因此感到難過，開始哭泣。然後又因為哭泣被罵一頓，或許還會挨爸媽打一頓。然後你更加難過了，就算有家人試著想幫你，你也很難平靜下來。

從孩子的角度來看這些事件，就能看出是你打翻了牛奶，後面跟著發生了幾件「壞」事。所以你就能合情合理地把這兩者連結起來：首先，促發事件或逆境（A）是牛奶打翻了；其次，結果（C）是得到爸媽的吼罵、你對這件事煩躁的感受、你因為煩躁被打、你又因為被打而難過，於是一連串過程讓你難以平靜。然而，你可能會因此誤以為是你造成這一切結果發生。

在觀察這些一連串「自然」事件的過程中，你可能會認為促發事件（A）：打翻牛奶這件事，是「壞的」或「不幸的」，因為這件事導致後面一連串不愉快的結果。事實上，這件事不好也不壞，因為有些孩子或他們的家人可能在看待這件事時，會在 B 點將之定義為好的、愉快的，也可能會認為打翻牛奶很棒，因為這代表孩子吃東西吃得非常開心，拿了這杯牛奶來玩，並學會了如何處理這種「有趣」的狀況。那他們在 C 點上可能就會把同一件事視為好笑的事情看待。

然而，許多家庭可能會認為，同一件促發事件（A）是「糟

糕」的逆境。因為他們認為（或定義）打翻牛奶（在 B 點上）是「極壞」的，他們可能會（在 C 點上）對你吼叫，因為你「調皮」，因為你「傻傻的」讓自己難過，在他們試著讓你平靜下來的時候，還繼續「笨笨的」覺得難過。

換句話說，你意外打翻一杯牛奶後，隨之而來的結果（C）肯定不只是由發生的事（A）所引起或決定的。在這個例子（還有其他數不清的例子）中，C 明顯是隨著 A 發生、或由 A 引起的，但是 C 並非真的是由 A 造成的。如我在第二章、第三章中強調的，C 也是由 B 創造的，也就是你的父母、其他家人、還有你自己對於 A 所抱持的信念。

在你還是孩子的時候，以及未來的人生中，這就是不斷發生的事。你會不斷把各種促發事件分類成「好事」或「壞事」，即使事件本身並非如此。你對於促發事件的信念取決於許多因素，將影響你在未來人生遇到事件時，要解讀為「好事」或「壞事」。

因此，如果你的父母很寬容，傾向把你做的大部分事情視為「好事」，包括打翻牛奶，你自己也就傾向以同樣心態看待這些 A。如果他們常常把你的 A 視為「壞事」，你自己也會傾向以不好的視角看待這些事。然後你就會忘記，其實是你和他們的信念，讓你把打翻牛奶這些 A 定義成「好事」或「壞事」。

如果你能明確而堅定地承認，你大多是因為逆境（A）而

讓自己難過，你就等於擁有了一把鑰匙，有可能讓自己停止這個模式。不要你以為可以完全改變自己，或是全部的性格。你強烈的生理或社會傾向，讓你變成了現在的你。此外，你**執行**這樣的「好事」和「壞事」分類已經很多年了。所以，不要以為你能完全改變自己。不過，你絕對可以有顯著的改變，而這需要付出堅持不懈的努力和練習。但改變不會是全面的、完美的，也不會是絕對的。要堅持不懈，要有決心。但不要相信你「必須」變得完美！

要找出什麼方法對你有效。沒有任何計畫能對每個人都有效，包括本書中說明的這些。試試看你認為會有效的東西，找出何時有效果，還有何時無效。無效的時候，就再考慮其他途徑。如果很難改變自己，不妨找一個好的治療師幫助你。如果你的困擾極度嚴重的時候，可能是你有特殊的生理問題或情緒障礙。可能是大腦內的神經傳導物質運作不良。或者，你身體的生化狀態可能失衡了。當然了，要先試試看自助的方法和心理治療。但如果可能需要服用藥物，請不要排斥。那會有極大的幫助。

實驗看看。看什麼對你有效。小心那些宣稱有奇效療法的大師，還有其他的傻瓜。盡量尋求受過訓練的心理專業人員提供建議，不要找新世紀還是舊世紀的冒牌醫生。要是有人提供你快速神奇的療法，卻沒有科學資料佐證的時候，快跑，快跑，跑去找離你最近、最棒的心理專業人員。

現在，我們回到你的心態吧，尤其是那些面對自我改變的心態。如同童話故事裡的小火車[1] **認為**自己能跑起來。那麼首先，你最好堅定地認為、相信，還有——對！——**感覺**你可以控制自己情緒的前途，而不是別人的想法和行為去控制你，也不是這個世界的天意控制你。而是你的想法、感受和行為。對！在這章中，就讓我介紹更多建立自我的信念。

第二種建立自我的信念

「我一定可以減少引發情緒和行為問題的非理性思考。」

如我在前三章中提到的，對於那些討厭的狀況，你大多能夠選擇要困擾自己，或是不要困擾自己。你通常無法控制發生在身上的促發事件或逆境（A），但是面對這些逆境的信念（B），你有很大的掌控力。因此，你可以控制情緒和行為上的結果（C），因為情緒與行為主要是伴隨你的信念（B）而生。

討厭的 A 發生時，你可以用有助益的方式，在 B 點告訴自己：「我不喜歡這個討厭的 A，所以讓我看看，能不能改變它或去除它。但要是改變不了，真可惜。我會暫時忍耐，優雅地勉強接受改變不了的事情。之後，我再看看是否真的無法改

1　《小火車做到了！》（*The Little Engine That Could*）是一個經典的美國童話故事，裡面小火車的座右銘就是「我認為我做得到」（I think I can, I thought I could）。

善。」

因此，要是你在生意事業、感情、運動競賽上失敗了（在A點），你就可以（在B點）說服自己，你不喜歡失敗，但這不是最後的機會，不是世界末日，這次失敗不會讓你成為徹頭徹尾的失敗者。然後，你（在C點）會感到難過和失望：這些是健康的負面感受，但不會造成恐懼而憂鬱——這些是不健康的、自我挫敗的感受。

但另一方面，假設你經歷到同樣的失敗（在A點），然後你（在B點）堅定地相信：「我絕對、永遠、都不應該失敗！我失敗的話，就太糟糕太可怕了！失敗會讓我變成一個完全無能的人！」不僅會造成讓自己感覺焦慮、憂鬱、自厭的結果（C），而且經常也會造成毀滅性的不健康行為，例如逃避、成癮，還有強迫行為。

REBT鼓勵你接受責任，不是為了那些發生在你身上討厭的事（A），而是希望你對促發事件（A）的信念（B）負責。REBT想讓你了解，如何讓信念停留在比較喜歡、有彈性的偏好：「我希望A的狀況比現在好，但如果A就是令人不快，我會找方法處理，不會強硬要求情況必須變得更好，好讓我的人生如意。我要不就改變A，或者，就算有A，我也要想辦法讓自己過得愉快。」如果堅持這樣的偏好，在得不到你要的東西時，你會感受到遺憾或沮喪。但是，這些負面感受是健康的，因為這會鼓勵你去改變討厭的逆境（A），或是學習與之共處，

而不會為了這些事而過度困擾自己。

REBT 也說，當你要求那些不幸的 A 絕對不能像實際狀況那麼壞的時候，就造成了煩惱，以及失調的情緒感受和行為。例如，你（在 B 點）堅定相信「我絕對不能失去〇〇〇的肯定！」，如果真的不幸失去了那個人的肯定，你就會讓自己感受到不健康的憂鬱，而不是健康的失望。就算真的得到對方的肯定，你也會讓自己恐慌，害怕以後會不會失去！因此，導致你把期望提升成極端的必要，這麼做的結果，幾乎會害慘你。而你還以為是令人害怕的父母，讓你今天變得這麼可悲！我們實話實說吧，那都是你自己造成的。你接受了他們的觀點，認為你需要肯定，而不只是想要。你現在依然衷心相信「你需要」。

REBT 將向你說明，不管你的思考、情緒感受、行為是否符合你的最佳利益，大多時候，你總是會把某一個健康的目標或偏好，強化成絕對而僵化的**應該**、**應當**，或**必須**。為什麼你常會這樣做？因為你是人類，人類本來很容易就會接受自己強烈的欲望，並將其轉變成浮誇的要求。

真是愚蠢啊！用絕對的要求去支持那些強烈的欲望。但是你和其他人類的行為表現就是如此──愚蠢。你認為絕對必須要得到的東西全都得不到的時候，你常常會不切實際、而且更愚蠢地下結論：「太糟糕了！」（差勁透了，比差勁更差勁）、「我簡直受不了！」（將因為無法滿足而死）、「得不到我真

正想要的東西，我就沒價值了！」、「既然我失敗了，沒得到我一定必須擁有的東西，我就永遠沒辦法滿足我的需求了！」

　　幸運的是，你不是只會在思考、感受、行動自我挫敗的時候困擾自己，你先天與後天也具有建設性的積極傾向，可以用來為自己擺脫不開心。不過就像前面所述，你經常無法改變不喜歡的逆境（A），但你可以顯著改變自己對這些逆境（A）的信念（B）和感受（C）。為什麼？因為就是你在困擾自己。因此很幸運地，你能幫助自己擺脫煩惱，因為這世上只有你能控制你的想法和感受，讓自己快樂！

第三種建立自我的信念

「雖然我的確會犯錯、很容易自尋煩惱，但我也有能力做出不同的思考、感受和行為，從而減輕我的困擾。」

　　你不盡然是生來就喜歡自尋困擾。不，你是透過學習而建構出自我挫敗的想法、感受和行為。然而，你生來就同時擁有自我幫助和自我挫敗的傾向。很強的傾向！真可惜。但是，不要因為你的童年教養經歷和自我毀滅傾向，而怪罪自己。只要是人，你天生就擁有這兩種傾向。

　　你生來就特別容易犯錯，非常不完美。不管你多聰明、多有天分，都容易犯錯，天生就是會犯錯的人。因為你是人類。

因為你活著。你不必喜歡這點。但你最好接受這一點。你很容易會錯誤地做出許多愚蠢、自我挫敗的事，而且會一直如此。再說一次：你是人。不是超人或神力女超人。不是神或女神。你永遠都會犯錯，時常且非常容易犯錯。無論你喜不喜歡，這是不變的。

然而，你確實有一些選擇。就因為你跟所有的人類一樣，都容易有自我挫敗的行為，也不表示你就必須這樣做。如果你的先天條件和後天環境，讓你很容易每天吃進一加侖（約四公升）的冰淇淋、每天抽三包香菸，把你的家裡或公寓囤積到快爆出來。但那不表示你必須如此。

的確，你沒有絕對的自由意志，因為你至少會有某部分受到遺傳或早期環境的影響或制約。但不是完全如此！你**可以**選擇少吃（或不吃）冰淇淋、戒菸、不要把家裡堆滿雜物。就算你小時候曾經受虐，你仍然可以好好對待你的孩子。不管小時候人家教了你什麼，你都可以選擇信仰任何你想信的宗教（或不信教）。

尤其對於發生在你身上的逆境（A），你確實可以選擇要相信什麼（B）。沒錯，你生來就有糟糕化跟抱怨的傾向。沒錯，父母、朋友和文化的影響，常常會導致你去譴責自己、他人和全世界。沒錯，你會輕易地把健康的偏好轉變成自我毀滅、專橫、浮誇的要求。但不管你的生理狀態、基因、家庭或是文化環境如何，你都不需要愚蠢地自己困擾自己。

不管你的天性和教養過程如何，當你陷入煩惱、感到痛苦的時候，你今天就是在相信毀滅性的自我觀點（又是在 B 點！）。REBT 知名的領悟之一就說，你小時候會困擾自己，大多是（不完全是）因為你把天生和後天學習而得的目標、價值觀、標準和偏好，「提升」成僵化、不健康的必須、應該和應當。你的父母和文化無疑助長了你這樣做。但主要還是你，讓自己「選擇」去相信這些專橫的必須。對，是你自己。

更糟的是——但在某些方面或許是最好的，不管你一開始是如何、何時、何地、在何種狀況下，認同了別人的非理性信念，或是創造了你的自我挫敗之非理性信念（IB'S），如果你今天有困擾，那就是你今天還抱著這些非理性信念不放。這是 REBT 另一個最重要的領悟：你「現在」相信你必須表現良好、相信別人必須要友善公平的對待你、相信你不喜歡的狀況完全不應該存在。所以，不管過去發生過什麼事，困擾你的是「現在、此刻的非理性信念」。因此，你現在就可以把這些非理性信念轉為健康、有彈性的偏好。你是有選擇的。做選擇吧！

第四種建立自我的信念

「我的情緒困擾，包含了我可以觀察和改變的思考、感受和行動。」

當然啦，不是全然如此！你可以說服自己：「我不需要好的食物，吃爛掉的食物也活得下去。」但是你最好不要說服自己：「我根本不用靠食物也可以過得很好！」你可以讓自己相信：「我不是絕對需要很多錢才能快樂。」但是你最好別相信：「就算我無家可歸、身無分文，我還是可以快樂無比。」

然而，由於你被人拒絕所產生的憂鬱，大多是自己創造出來的，而且你現在還在堅持「這個人必須要愛你」，所以你當然可以停止要求對方的愛，自然也可以停止讓自己憂鬱。一定可以，如果你是我所說的那種「還不錯的普通神經質者」。

因此，**你是可以改變的，除非你頑固地認為自己做不到。**你的「情緒困擾」通常包含強烈的感受，例如恐慌和憂鬱，但也包含了想法和行為。你感到焦慮的時候，通常你是相信了會造成焦慮的想法（例如：我講得不好，沒有達到我必須有的程度，那太糟糕了！），而導致你的行為表現不佳（例如：逃避公開演講）。當你有自我挫敗的想法（例如：我是個徹底的白痴！），誘發情緒感受不好（憂鬱）、連帶行為表現不好（逃避上學）。當你的行為表現常常出狀況（例如逃避做運動）的時候，就會有非理性的想法（例如：我老是輸，被人家笑。），而覺得難過（例如：自我厭惡）。

因為你的困擾包括想法、感受和行動，這些都會逐漸走向自我毀滅，所以你可以對這些困擾進行三向攻擊：改變你的思想、情緒表現，還有行為。這就是 REBT 為什麼是多重模式，

如此才能提供你各種改變想法、感受和行為的方法。

　　那麼，這些方法是不是對各種困擾都隨時有效呢？絕對不可能！舉例來說，約翰、瓊安、吉姆都是害怕參加公司派對的人，他們一想到要出席，就會感到恐慌，害怕自己社交表現差勁，也擔心被同事拒絕。約翰說服自己：「如果我去了，社交表現差，那就真的太可惜了！不過，我還是會沒事的！」瓊安想像自己在派對表現很差，讓自己非常焦慮，但是她用了理情心像（Rational Emotive Imagery）[2]，讓自己只感到難過和失望，而不是恐慌和憂鬱。然而，吉姆並沒有改變他恐慌的想法或感受，但是強迫自己去了派對，且相當不自在，直到他跟十個人聊過之後，才慢慢感到比較自在些。約翰、瓊安和吉姆用了不同的技巧，但三人最後都去了派對，並玩得很開心。而珍一開始比他們都還要恐懼，她去了幾次 REBT 諮商，試了幾種不同的思考、感受和行為的治療技巧，不只克服了參加派對的恐懼，也處理了一些其他的情緒困擾。這個案例的寓意是：你要說服自己，REBT 有各種治療之道都能幫助你達到改善的效果。只要運用你的頭腦、你的心，還有你的手和腳！

2　理情心像是 REBT 的技巧之一，後文另有說明。

第五種建立自我的信念

「要減少我的困擾情況，我需要不斷堅持努力和投入。」

　　這是 REBT 另一項有名的領悟：「你一定可以改變大部分自我挫敗的想法、情緒和行為，但只能靠著付出大量的努力和實踐。」是的，要—努—力。是的，要—實—踐。你會以為這項領悟清楚明白。但真是如此嗎？許多極為相信精神分析或是新世紀熱潮的治療師可不這麼想。這些「神奇的」助人者都忘記了，首先，你（和其他的人類）生來就容易自尋困擾。對，生來如此。其次，你長期受瘋狂的父母和文化的助長與制約，也變得容易感到苦惱。第三，你從小就開始努力反覆實踐、維持這些自尋困擾的習慣行為。第四，你還常常得到其他人的幫助：不理性的朋友，狂熱的教徒、甚至是無知的治療師，他們愚蠢地增加了你的毀滅性行為。所以不難理解，為了獲得改變，為什麼你需要那麼多的努力和投入，然後再付出更多的投入和實踐，才能活得比較健康。

　　面對現實吧，你就是得如此。沒有魔法，沒有免費的午餐。你永遠都有機會、也有可能做到「自我改變」，但這需要堅持不懈的努力與實踐。跟著 REBT 的口號：動起來（PYA, Push Your Ass!）！

Chapter 5

走在減少煩惱的路上

要避免愚蠢的行為常常很困難，要沉溺其中卻很容易！然而，你可以藉由努力與實踐，改變你自己。

　　當你出現自我挫敗的行為時（你常這樣做，因為你是人類嘛），你有能力發現自己正在想什麼、有什麼感受、做了什麼，來毫無必要地困擾自己。你也有能力使用 REBT 來讓自己擺脫困擾的狀態。如果你一直努力去獲得理性、保持對自己有幫助的心態，就真的可以讓自己比較不容易陷入煩惱。然後，你那讓自己嚴重焦慮、憂鬱、憤怒、自厭自憐的情況，也會跟著大幅減少。如果不小心退步了，你也知道該做什麼來幫助自己減少難受的感覺，尤其是把那些專橫的必須和要求，轉變成健康的希望和有彈性的偏好。這是你可以做得到的！

　　很好。如果你真的下定決心，要讓自己明顯不再輕易陷入困擾，並像少數人那樣，總是能應付逆境，幾乎不對任何事抱

怨，那你就可以遵循我之前說明的原則，然後再前進幾步。哪幾步呢？要穩定實踐幾個關鍵的哲學觀，這些可以幫助你避免陷入飽受困擾的狀態，勝過這個艱苦的世界上絕大多數的人。

真的做得到這樣嗎？可以，如果你真的下定決心，要讓自己更不容易陷入煩惱。可以，如果你有所謂（有時常被大家說錯的）意志力。讓我向你說明意志力是什麼，又該如何得到意志力。

意志力的力量

意志（will）和**意志力**（will power）這兩個詞似乎很像，但其實不同。意志，主要是指選擇或決定。你選擇要做（或不做）這件事、決定要做（或不做）那件事。身為人類，你顯然擁有某種程度的意志、選擇或決定權。你想要、或選擇要或不要買車。你可能沒錢買，或沒能力開，但還是可以決定要買，然後決定去賺錢買車或學會開車技巧。改變的意志，不過只代表了你決定要改變，然後（或許吧！）努力這樣做。然而，意志力就比較複雜，而有所不同了。有意志力的時候，你就擁有了做決定、並實踐這項目標的力量。這包含了幾個步驟：

● 首先，你**決定**要做某件事——例如，讓自己的情緒困擾減少，也比較不容易感到煩惱：「變得比較不容易受到困擾，

是種很有價值的特質。我會盡力去達成的！」

- 其次，你要**下定決心**依據決定行動，去執行看來必須執行的東西：「不管需要多少代價或有多困難，我都要努力讓自己更不容易受困擾！我下定決心要不遺餘力，做到這件事！」

- 第三，你要**獲取知識**，知道要做什麼，以及不要做什麼，才能實現你的意志、你的決定：「為了讓自己不再那麼容易受困擾，我就要改變一些想法、感受和行為。尤其是，我要停止抱怨我遇到的逆境，停止要求這些逆境絕不應該、沒必要存在。」

- 第四，你要根據決定和知識，實際開始**行動**：「與其告訴自己，我的人生絕不應該發生令人挫折的狀況，不如說服自己：這些狀況真的存在時，就是存在了。我能夠處理、能夠試著去改變，在我暫時改變不了這些狀況的時候，就算我不喜歡，也能接納。我可以、也一定會這樣做——現在讓我真的強迫自己這樣做。在我每次被逆境嚇到時，就會明白，我是在要求這些逆境不應該存在，不過我會努力接納，而不是抱怨逆境的存在。**我會去改變能夠改變的事，接納無法改變的事。我很快就能這樣做。現在讓我開始實際這麼做。**」

- 第五，接著，你要持續的穩定而堅持決定要改變、下定決心改變、獲取知識了解如何成功改變，再依據這些知識行動，使用這些知識。對，用行動帶來改變：「既然我在努力放棄要求的行為，把它變成偏好，既然我已經在接納、而且不再

抱怨目前無法改變的惡劣情況，那我會沿著這條路繼續奮鬥，持續進步，繼續尋找更好的方法來幫助自己、持續改變、持續堅持改變的努力與行動。」

- 第六，如果你不小心退步了，或故態復萌，回到你原來毫無作為的模式（你很容易就會如此），你就要再一次決定，驅策自己走上更有成效的道路。重新檢討是否還有更好的方法改變自己，要讓自己下定決心，依據決定以及如何實現目標的知識去行動，並驅策自己實際去執行你的決定和決心，無論你覺得這項行動會有多困難、無論你自尋煩惱的行為之復發頻率有多高、週期有多長。

- 第七，如果你自尋煩惱的行為模式又捲土重來，要完全接納那個再一次無能為力的自己，不要隨意下定論：「又來了！努力重新獲得力量又有什麼用呢？」你要做的只是再次自我賦能（self-empowering），這麼做，將能使你復發的次數越來越少，而且每次克服復發情況的速度也會越來越快。當然，你不是非得克服復發的狀況不可。但如果能那麼做，那就更棒了！

　　那麼，意志力就不僅只是意志、選擇和做決定了。有幾百萬人誤以為意志力就是那樣。意志力的力量，包含了做某件事的**決心**、如何達成目標的**知識**、讓自己著手進行的**行動**，就算發現很難達成，也要繼續這個行動的**堅持**，以及當你又退步到

表現不佳的狀況時，你能再一次、又再一次，走過這個過程。

知道了這一切，那你能不能得到這種意志力呢？的確可以：如果你有努力獲得這種意志力的意志力！你可以鞭策自己、逼迫自己、敦促自己選擇目標，下定決心達成目標，獲得該如何做到的知識，採取適當的行動來支持你的決心和知識，逼迫自己，不管有多困難都要堅持這個行動，如果又退回到「意志力薄弱」的狀況，就再一次走過這個過程。

照慣例，要獲得與維持意志力，必須要有想法、感受和行為。你最好仔細考量一下獲得意志力的好處。你可以實事求是地讓自己明白：要獲得意志力可能很難，但如果你不去做，以後會更難，尤其從長期角度來看。你可以說服自己，獲得意志力需要的不只是希望，還需要支持這個希望的行動。你可以做成本效益分析，不斷讓自己明白，獲得意志力的種種好處值得你付出努力，例如你為了獲得意志力固定做的那些事。其次，你可以說服自己，沒有得到意志力確實很討厭，但不是糟糕的事，你的失敗，也當然絕不會讓你變成無能的人或沒用的人。

情緒上來說，如果想獲得意志力，你最好專注於意志力的好處，來鼓勵和驅策自己，例如，意志力會給予你有力量的感覺、把生活經營得更好的能量、未來能從意志力得到的愉悅。

行為上來說，你完全可以明白，意志力的力量就存在於你的實踐中、努力中、在獲得意志力的過程裡你所接受的不舒服之中，而不僅只是在你的想法和感受裡。意志力再次意味著行

動，以及你為意志增添力量所做的努力。也許有別的方法可以得到意志力，不用努力。但是我深感懷疑。生命鮮少有捷徑可循！

失落很糟糕，是嗎？

讓我們假設，你現在了解意志力是什麼了，你下定決心要得到它，而且要運用它來讓自己的困擾減少。現在呢？

首先，為了不讓自己容易陷入困擾與痛苦，這裡有一些基本的態度，能幫助你更好地開始。接著，我會談論更多細節，幫助你更好地學會這些哲學觀。

想像一下，你身上會發生最糟糕的事情：例如失去所有你愛的人、死於愛滋病、或是遭遇身體殘障與限制。你要讓自己明白，在這些極端惡劣的狀況中，你還是可以找到一些方法，讓自己的生活依然過得愉快。你當然不必喜歡，但也要真正下定決心，去接受這些嚴峻的情況，就算有痛苦和限制，也要找到你可以專注投入的快樂、滿足和樂趣。不要放棄。要讓自己確信，遇上這種惡劣的狀況（也許永遠不會發生），有時你仍有能力讓自己過得相當快樂。也許比不上生活順遂的日子快樂。

努力說服自己，我是說真正說服自己，不管你和你愛的人發生了什麼，都沒有什麼事是真正糟糕或可怕的。是的，任何

事。如本書之前所述，有很多可能發生的事很不好、很痛苦、令人挫折、違反了你的利益和社會的利益。但是從來沒有任何事會是百分之百的壞，因為永遠都有可能更壞一些。沒有事情會真的比壞還要更壞。任何會發生、你認為的壞事都會、應該、而且必須只是眼前看到的這麼壞而已。

瑪麗蓮是一名歷史教授，自認是現實主義者兼實用主義者。她三十七歲離婚、流產過兩次，一直渴望有個自己的孩子，目前卻沒有適合的父親人選。而她來找我處理問題時，很快就順利接納了 REBT 的論點。她同意，她不是一定要當個母親，但她還是覺得沒有生過小孩，讓她感到自己的權利被剝奪了，而這種巨大的失落很糟糕。因此，她陷入了嚴重憂鬱。

瑪麗蓮承認，沒有小孩不會是百分之百的壞事，因為她了解，有些事會更糟糕，例如被虐待至死。她也同意，「糟糕」這個詞所表達的意思「不只是壞而已」。她可以理解，「一直沒有小孩」不能算在這範圍裡。但是她還是堅持，以她的狀況而言，她對於生小孩有「那麼強烈」的渴望，沒有達成這個目標真的會很「糟糕」。

一開始，我無法說服瑪麗蓮，隨著時間過去，她一直沒有機會找到合適的伴侶，甚至變得更加憂鬱。我也幾乎要跟著陷入憂鬱了！

但我堅持使用 REBT，試著讓瑪麗蓮明白，如果她把她的失落稱為壞事，會令她感到相當的悲傷、難過；如果把這份失

落稱為糟糕的事，那麼，她會比悲傷更難受——憂鬱。我向她指出差別在於，把事情詮釋「糟糕」意味著，因為她認為不能生孩子是非常、非常悲傷的事，而這種悲傷不應該存在。然而，顯然它就是存在啊！

瑪麗蓮最後自己想出了理性的解決方法：「你說得對。關於我的失落，各種程度的失落與悲傷都應該存在。只要我還沒生出自己的孩子，我就一定會繼續受苦。這真是太不幸了！但是，如果我說這件不幸的事是糟糕的，就會造成我陷入憂鬱。這麼想，既不會幫我生出小孩，也得不到任何其他我想要的東西。現在我真的明白了，我對自己這樣說的時候，就已經感覺好多了：『沒有什麼事是糟糕的，除非我把某件壞事定義為糟糕。這個定義害死我了！』如果我一直告訴自己：『這事情很壞，就只是壞而已，達不到糟糕的程度！』我可以感受到憂鬱減輕了，剩下悲傷。就算我非常悲傷，也不算糟糕！」瑪麗蓮不再有憂鬱的感受了，並且堅持繼續尋找適合她的伴侶。

成為理性的人：七個心態

不要讓自己被會分心的事拖住，不管是認知上的、情緒上的，還是實體上的。**所有分心的事物，都只能暫時讓你覺得好一點。**但我從沒聽過有任何一種能讓你變得更好。沒有，冥想、瑜珈、漸進式放鬆法、生理回饋法、藝術、音樂、科學、

娛樂，什麼都不行。用這些事來轉移你的注意力會很有效，能幫助你移開焦點，不正視挫折、痛苦、憂鬱、恐慌和恐懼。但是只能幫你不要去看，沒辦法幫你面對與去除你自己虛構和創造出來的「恐怖」與「糟糕」。

要認清，你所遇到的問題總會有替代的解決之道，你有一些主要的樂趣被阻撓了，依然可以去找別的樂趣。正常來說，就算你的生活受到限制，你仍然能找到某些令你感到滿意的事，就算你遭遇了太多困難，你也總能解決掉一些問題。所以，每當你有困難的時候，都要持續尋找替代的解決之道，來解決你的問題，以及你還可以安排的、做得到的樂事。不要輕易下定論說這些不存在。這是最最不可能的！

要認真對待許多事，但是都別看得太認真，例如工作和感情。你的生活中沒有什麼好事是絕對必要存在的，也沒有什麼壞事是絕對必須要消失的。你要盡力去處理挫折、改善你的命運。但是你擋不住趨勢，也無法施行奇蹟。若你有所匱乏、或得到你不想要的東西，那很可惜。真不幸啊！但這從來就不是世界末日，雖然你可能會誇張地認為這就是。即使如此，這世界還是步履蹣跚地在前進呢！

要注意你的絕對化（absolutizing）、**教條化**（dogmatizing）、**過度類化**（overgeneralizing）、**要求**（demanding），以及用**必須來自我要求**（musturbating）。幾乎你所有的偏好、希望、渴望、目標和價值觀都是健康的，只要你別把這些東西神聖化

就好。就算有不喜歡、厭惡、想避開的東西，你也可以過得相當好，只要別把這些東西妖魔化就行。做一些真正重要的事，為之投注心力，就能拓展你的生活。但是，如果你把這些事視為至關重要、神聖、不可或缺，通常會造成焦慮、憂鬱、憤怒和自我厭惡。如果你願意，可以全心投入，但不要武斷盲從。

不要對別人期待太多，因為別人幾乎各有自己的嚴重問題，心裡所想的大多都是那些煩心事。就算他們說很在乎、愛護你，也很少做到像字面上說的那樣支持你。要愛他們、幫助他們、體恤他們，努力贏得他們的認同，但是絕對不要把他們看得過分重要。如果你認為他們是全然的善或是全然的惡，你就麻煩大了！

要無條件的完全接納自己和他人。但不是全盤接受你和他人的所作所為。你常會有愚蠢、糊塗、惡劣，和不道德的行為；其他人也會。但是不要評斷你或他們身為人的存在。不要衡量你或他們的基本價值。接受罪人，而非罪惡。要厭惡你和別人的「惡劣」想法、行為和感受，但不去厭惡做出這些惡劣行為的這個人、這個人類。我下一章會再仔細說明無條件自我接納。

要了解，你的先天條件和後天養成都具有非常強烈的傾向，會自我實現，也會自我挫敗。你有能力思考清楚、實事求是、合乎邏輯，為自己和他人找出更好的解決之道。但你也傾向追求眼前的利益，而非長遠的利益，會譴責自己和他人，堅

持大家待你都要公平而體貼，常常刻意傷害自己與他人。

　　一旦讓自己習慣於毀滅性的行為，要改變可能就非常困難了。一旦產生或接受了有害的想法，可能就會頑固地堅持這些想法，難以拋下。所以避免愚蠢的行為常常很困難，要沉溺其中卻很容易！然而，如前所述，你可以藉由努力與實踐，改變你自己。所以你要強力、強烈、用力、堅持地努力創造更好的想法、更健康的感受，以及更有成效的行為。現在就做，不要等以後；而且你往後的魅力人生都要不斷致力於此！

你可以被完全治癒嗎？

　　在你堅定地為自己與他人的健康與快樂努力的同時，要放棄「治癒」的觀念。你永遠都不會被人治好，也治療不了你自己，擺脫不了身而為人的處境。你永遠、永遠、永遠都會容易犯錯、傾向犯錯，受制於自我挫敗的思想和行為。你永遠不會從人性康復。如果你遵照本書中的觀念的話，你可以一直幫助自己減少許多困擾，完成更多的自我實現。你可能會帶領自己，提升到不再為任何事嚴重困擾自己的程度。是的，任何事。但不是全然如此。不是絕對如此。不是百分之百。此外，如果你相信完全治癒，那你在達到某個程度的時候就會停止努力，很容易就讓自己退步。所以忘了烏托邦吧。忘了完美主義吧。盡力就好，而不是做到最好。你永遠都不可能完全的理

性、明智，也不會理智。這也包括我嗎？一個字：對！

　　有時，你可以先試試自助方法與心理治療。但如果需要藥物介入，也不要排斥。實驗看看，看什麼方法對你有效。要小心那些大師和其他的狂熱信徒，以及那些極其相信祕傳和奇效療法的人。尋求建議要找受過訓練的心理專業人員，而非新世紀的傻瓜。如果有人要提供你快速、簡單、神奇的療法，卻沒有科學資料佐證，快跑、快跑、快跑去離你最近、最好的專業人員。去看看吧！

Chapter 6.

接納自己與他人

「就因為我存在，就因為我選擇認定我自己是好的，所以我很好，
我有價值，我還不錯。」要強力說服自己這一點，並帶著感情。

　　我們現在來到本書的核心了。如果你到現在都有仔細閱讀
本書，你就已經了解，你的天生條件和後天環境都使你很容易
陷入苦惱。是的，思考、感受和行為都容易自我挫敗。輕輕鬆
鬆、常常如此。一點困難都沒有！

　　然而，你的天生和後天也具有強烈的建設性、解決問題的
積極傾向。真幸運！所以，就像我們說過的，你可以好好運用
這些傾向，來觀察你做了什麼使自己陷入煩惱，找到那些像朋
友般了解你、又相當精明的自我毀滅方式，並想出有效自助的
改變方法。沒錯，藉由自己在思考、感受和行為上的努力，你
就有很大的機會能振作起來。如果你選擇這樣做。如果你努力
這麼做。

到目前為止我所敘述過的方法，你不妨斟酌使用一些吧。別的技巧也可以試試看。REBT 很全面，卻算不上無所不包。除了這本書中收錄的許多方法之外，靠著自己的經驗和研究，你還可以找到別的方法。去找看看。試看看。試著去發現還有什麼方法對你有效的。

如同我在後面章節會更加詳細說明的，大多數的心理治療法都可以用，但也各有限制。這些治療法將會相當有幫助，但只有短時間的效果。這些治療法可以緩解了你的煩惱，卻留下了一些更深層的根源問題，幫助你感覺更好，卻不是變得更好。

現在再來談一些更深入的方法。你要怎麼讓自己的情緒困擾更加大幅減少呢？要如何減輕你廣泛的焦慮、憂鬱和憤怒？如果你現在的主要煩惱是，例如工作或金錢，那你要怎麼減少其他的困擾，像是感情、成癮，或是任何其他煩心事？面對你未來人生可能發生的任何不幸事件，你要如何讓自己更不容易陷入煩惱的狀態？你到底要怎麼做？

我希望前一章讓你大約了解到，如何讓自己更不容易陷入困擾。現在這一章，則是要激勵你沿著這條路走得更遠，也補充我簡略提過的重要細節。之前我講得太快、太隨意了。

我現在要說明獲得心理健康一些最有效的方法，這是我從以下途徑中發現的，包括：我的個人生活、近半世紀以來我治療過的成千上萬個案主，以及與工作坊參與者共同工作的過

程。下列的技巧每一種都曾經大大幫助了許多人，協助他們在生活中達到成就非凡的改變。然而，這些技巧並沒有哪一種通用於被幫助過的所有人。哪些技巧適合你呢？試試看吧！

對於改變自我，抱持實際的期望

　　就如精神科醫師傑洛姆‧法蘭克（Jerome Frank）、心理學家賽門‧布德曼（Simon Budman）、REBT治療師羅素‧葛瑞格（Russell Grieger）、精神分析學家奧托‧蘭克（Otto Rank）、保羅‧伍茲，以及其他知名治療師所提過的，**案主明確期待他們能夠、也將會改變的時候，治療就會有效**。是的。但是你的期待最好不要不切實際、過分樂觀。如果面對任何療法，還有「超棒」的治療師，你的態度過分樂觀、期待奇效出現，你就期待得太多了，結果你反而會失望、幻滅，而且放棄嘗試這種療法。

　　面對心理自助方法也是一樣的。要保持樂觀，但看待這些方法不能不切實際。這些方法不會給你神奇的解藥，或是簡單的方法，讓你擺脫神經質的難題。但是要有信心，這些方法可能會有效。

　　這點對 REBT 和 CBT 來說也是一樣的。要對之抱持懷疑。要檢視它們的實踐成效，不要只看案例的軼事記錄，那通常大多是虛構的。例如，佛洛伊德大部分早期的案例都寫得相

當漂亮，聽起來很有說服力。但是後來的研究發現，他有一些知名個案是誤診，進步甚少，甚至更加惡化，例如安娜‧奧（Anna O）。

就 REBT 跟 CBT 而言，至今的紀錄都極為良好。如果我們跳過它們「成功」的軼事記錄──像精神分析常常提出的那種，如果我們堅持只看那數百份有控制組的研究，以控制組作為客觀的對照，例如：沒有接受治療，或是接受不同類型的治療，我們會發現，REBT 和 CBT 算得上是歷來最有實證的療法。行為治療（behavior therapy）在這方面本身就有優秀的紀錄；但是能用行為治療法處理的問題範圍有限。REBT 和 CBT 曾被用在一些焦慮、憂鬱和憤怒最嚴重的人身上，成效都相當良好。當然，沒有完美的結果，也沒有奇蹟。但多半檢驗結果良好──達數百次。如果你想查看一些 REBT 效果的研究，不妨看看附錄參考資料中巴洛（H. Barlow）、貝克（A. T. Beck）、哈茲勒（D. Hajzler）與貝納德（M. Bernard）、里昂斯（L. Lyons）與伍茲、麥高文（T. E. McGovern）與席佛曼（M. S. Silverman）、麥卡錫（M. McCarthy）與麥高文的資料。

因此，使用 REBT 通常會有效，這點你可以相當有信心，而且很可能會對你有效。要說服自己，你可以理解、運用，而且很有機會讓自己明顯不再那麼容易受困擾。為什麼呢？有三個重要的理由：

- 根據 REBT，面對令你苦惱的許多不幸、促發事件或逆境
  （A），你並沒有什麼控制力，但你大多可以控制你對這些
  逆境的信念（B）。幸運的是，你會受到困擾，大多不是因
  為你對成功或認同的偏好，而是因為你把這些偏好提升成專
  橫的必須。

  因此，你可以控制與改變那些造成你困擾的專橫要求！就算
  你多年來堅信不疑，總是依據這些要求來行動，REBT 還是
  會讓你了解，你今天會有情緒困擾，大多是因為你依然（在
  有意識或無意識間）抱持著這些專橫的要求，而你一定有改
  變的能力與力量，有時還能完全拋下這些要求。

- 面對非理性的思考、情緒和行為，REBT 可以提供你不少方
  法，來了解與改變你獨斷的必須，以及時常隨之而來的有害
  行為。你可以在現實上、邏輯上、實際上，主動而強力地對
  這些非理性想法予以駁斥，並且使其大量減少。

- 如果你一直拋下你對自己、對他人、對世界浮誇的要求，你
  就能把你所想到、感受到這些要求的傾向降到最低。你可以
  改變困擾你的專橫觀點：「我沒有價值、不公平對待我的人
  都應該在天亮時被槍斃、這個世界爛透了……」你一旦認為
  要求是有害的、認為你可以改變，並且實際行動修正這些要
  求，你自然而然就能維持新的態度。

  如果你對 REBT 有了務實的期望，清楚認知到你可以運用

REBT 的一些方法自助，你就能妥善運用 REBT 自行建立這樣的心態：

「我天生就是容易煩惱的人，有時會毫無必要地讓自己困擾。我這樣做，主要是我接受了目標和偏好，並讓這些偏好升級成浮誇的要求。我這樣做很蠢，也正在自我挫敗，但是我可以無條件接納有這種行為的自己，我不會因為縱容自己這樣做，而稱呼自己是笨蛋。由於大多時候是我讓自己陷入困擾，所以我也可以明白這一點，擺脫這個自尋困擾的模式。我可以強烈駁斥要求行為，藉由堅定的行動將其連根拔除。我現在可以清楚了解，有好幾條路可以讓我擺脫神經質症狀。所以我可以熱切而自信地期盼，在未來的人生都持續使用 REBT。如果我持續這樣做，就能讓自己更不容易陷入煩惱狀態，不再沒必要地困擾自己，如果我退步了，我也有能力再次找出有如神諭般的不合理命令，再堅定地改變成合理的偏好。我可以的！」

如果你學會了這種自助哲學觀，如果你對於「該如何做，才能不再困擾自己」有著務實的期望，以及如果你願意繼續堅持使用 REBT 方法，你也無法保證一定能讓自己比較不受困擾。但是，你很可能已經踏在進步的路上了！

無條件自我接納

你其實只有兩種自我接納的選擇——有條件或無條件的接

納你自己。第一種選擇不會有用。

有條件的自我接納，是男性和女性已知最大的疾病之一。更別提孩子和青少年了！這個意思是你只有在「某些條件下」才會接納你自己——例如，你在某些案子成功的時候，得到重要人士的肯定，或是對社會有良好貢獻。聽起來不錯，對吧？但這其實很要命。有幾個原因：

你認定，自己為了「自我價值」有絕對必須要達成的條件，如果你沒有達成，那顯然你就沒有價值、沒有用、是笨蛋、是一坨屎。可是！你作為容易犯錯的人類，在某些重要的案子，你並不會總是成功，你不會一直贏得重要人士的肯定，你也不會總是有辦法好好為這個社會貢獻。相信我說的，除非你真的很完美，而且好運十足，不然你將常常做不到。根本沒辦法。在你失敗的時候、達不到你為自己的「自尊」定下的條件時，你會「很合理地」斷定你是可憐蟲，總是感到焦慮與憂鬱。為什麼？因為你就是用這些條件來定義自我、以及自我的「價值」。然而，如果你在做的事情大多是因為你喜歡做這件事，那麼你所製造的焦慮就會少很多，而且矛盾的是，可能還會表現得更好！

努力要達成為自我肯定所設下的條件時——「只有我成功的時候、只有我贏得肯定的時候、只有我幫助別人的時候，我才能算是還不錯的人。」——你就忍不住會擔心達不到這些「必要」的條件：「如果我這個重要的案子失敗了呢……？」、

「萬一我沒有得到約翰（或瓊安）的愛呢……？」、「如果我努力想幫助別人，卻沒能力做到，或甚至傷害了他們……」這些想法幾乎無可避免，但有了這樣的想法，你就會擔心、擔心、擔心，反而會使你「達不到」你覺得自己必須要達到的目標，但你又認為要達到目標，才能算是「有價值」的人。而由於你還沒有達到自己設定的「必要」目標，又導致你常常覺得自己理應沒有價值。真是兩難！

就算你神奇地達成這些可能讓你成為「好人」的條件，又怎麼能確定，你會一直成功呢？你辦不到的。顯然，你的未來永遠都會有失敗。「現在這個重要的案子我成功了，那明天我還能繼續這樣做到嗎？」、「對，約翰（或瓊安）今天愛我，但他（或她）一年以後還會依然愛我嗎？」所以，你又會再擔心、擔心、擔心了！

因為你做了好的行為，所以把自己評斷為好人，這完全是定義上的事。任何人都能跑來輕鬆地反對你，例如說，他們可以說你依然是「壞」人，因為：①你不完美；②你表現得不夠好；③你是人類，就是該死的不好；或是④你的「好」行為其實是「壞的」。那你會怎樣想？會開始抱持懷疑吧。因為誰是真正對的呢？是你，還是其他斷定你的好壞的人們？誰可以這樣說？沒有人！

那麼自尊，或是任何有條件衡量你的自我、你的存在、你的本質，或你的性格與為人方式，就沒用了。**自我評定**（self

rating）也不會正確，就像阿爾弗雷德・柯日布斯基[1] 1933 年在《科學與健全》（*Science and Sanity*）一書中所指出的。他說，沒有所謂表達同一的「是」（is of identity）[2]：「就事實來說，一致不變永遠都是假的。」因為如果你是個「好」人，那你在任何時間、任何狀況下，都會是完全的、全面的「好」。包括你在內，誰能真的是百分之百的好，或換個方向說，百分之百的壞呢？沒有人！就算是「好的」行為，例如說幫助受苦的人，也不會永遠、只會、在各種狀況下都是好的。有時候這麼做可能會造成有害的結果。例如說，你幫了殺人犯，但他以後可能殺掉十幾個人！你可能用了錯誤的方式去幫助事故的受難者，反而讓他們受到傷害。

如果你想要聰明些，或者更正確地說，如果你想要在大多數的時候做出聰明的舉動，你就該完全避免評斷你的自我、你的存在、你的性格與為人。對，完全避免！你會確立重要的目標和目的，例如：「活下去，無論獨自一人、與人共處、工作上、玩樂時，都要保持開心。」如果你沒有達成這些重要目標或目的，例如感情失敗，你可以說：「這件事真不好。」你成功的時候，可以說：「這件事真好。」但是，你最好避免不正

---

1 阿爾弗雷德・柯日布斯基（Alfred Korzybski，1879-1950），美籍波蘭裔哲學家，普通語義學（general semantics）的創始人。普通語義學是主要研究語言對思維與行為影響的一個哲學流派。

2 Is of Identity 是語言學名詞，指用英語的 be 動詞，表達某樣東西固定不變的性質或狀態，也有人譯為「其所是」。

確、而且自我挫敗地說：「我很好」或「我很壞」。犯錯並不會讓「你這個人」變成錯誤！

這也是 REBT 最重要的一課。你，你這個人，永遠無法被衡量，也不能給你一個整體的評價。一旦你確立了人生目標（你選的最好是「活下去、活得快樂！」），如果你的想法、感覺或行為促成了你所選的目標，你可以合理的相信，這些是好的。如果你的行為阻礙或破壞了你的目標，也可以理性認為這些行為是不好的。但是你從不、絕不需要愚蠢地去相信「我是好人」或「我是壞人」。

相反的，你可以選擇堅持：「我是人，是獨特的個體，我現在活著，我有能力過得愉快。現在我要怎麼找到快樂，又不會在未來的日子傷害到我和我的社交團體，我又要怎麼避免痛苦、繼續擁有快樂的生活，而不必整體評價我的自我或我的為人？」

很好！但讓我警告你：要擁有「自我」或「自我認同」，只單純評斷自己為了達成目標「做了」什麼，而「不評價」這個「自我」——這對你來說是很困難的。身為人類，你的先天和後天都會促使你去評斷自己的努力與行為，首先這是為了要幫你活下去，其次，是為了要跟你社交團體的成員好好相處。這是可以的，不成什麼問題。

但是，但是，但是！也有人教你去評斷如何評價你的自我、你這個人，而且你也有生理傾向會這麼做。因此，你只要

努力減少這種習性就好！你可以的，但只能靠著大量的努力和練習。你天生就是個會評斷自我的人。就算你只是估量一下自己的行為，你也很容易會退步回到有害的自我評價。

因此，REBT 將提供你簡單的方法，來解決自我評定的問題。怎麼做呢？**把自己定義為「好人」，只因為你活著、你是人類**。對，沒有其他理由了。這樣做，就是在對自己說、非常堅定地對自己說：「就因為我存在，就因為我選擇認定我自己是好的，所以我很好，我有價值，我還不錯。」就這樣。

要強力說服自己這一點，並帶著感情。如果完全相信這一點，你就會得到無條件的自我接納。因為這個條件永遠都達得到。很明顯的，就只因為你活著、是人類，就可以選擇認為自己是好的。如果是這樣，你就可以一直符合你所設定的「好」之必要條件。真聰明！直到你死去、不再是人類，或是不再定義自己是「好的」為止，你都不會輸的。

因此，採取這個實用且務實的方法，來解決自我價值的問題，是還不錯的選擇。只要採用，就會有效。你永遠都不會認為自己是壞人或廢物。除非你在死掉以後「選擇」這樣想！

然而，「只因為我活著、是人類，我就永遠沒問題」這個解決方法，有個真正的弱點：因為這不是事實，而是定義。用這個方法，你可以很輕鬆地說出，你永遠都是「好的」，絕對不是「壞的」，但任誰也都可以說事情並非如此。不管是你或是反對你的人，都沒辦法用科學方法證明你是對的。你或其他

人也證明不了你的命題不成立。那你在哪裡呢？從哲學上來說，你的立場有點站不住腳。

所以 REBT 給了你另一種選擇。你可以設定目標和目的（例如：活著，並且過得開心），然後只有你的想法、感受和行為有幫助你達成這些目標時，才評斷這些想法、感受和行為是「好的」，阻礙你達成選定的目標時就是「壞的」。你可以完全拒絕全面的衡量或評價你的自我、你的本質，或你的存在。對。完全不用！只要專注於享受人生，而不是證明你有多好或多壞。

為什麼給自己無條件的自我接納這麼重要呢？因為如果沒有這樣做，你常會讓自己沉溺於自我貶抑。你會因為自己的錯誤、失敗、愚蠢行為和缺陷而譴責自己。然而，你身為容易犯錯的人類，這些經常發生。

更糟的是，你會因為「譴責自己造成的結果」而譴責自己：因為自我責備而產生焦慮和憂鬱的感受。你討厭自己的情緒不穩定，但你也討厭情緒不穩定的自己。

你也會常常因為自己犯的錯而出現防衛心。因此，你會因為自己的愛情或工作失敗而譴責自己，然後你陷入煩惱，因為你受不了自我厭惡。所以你否認、合理化，宣稱你其實沒有失敗，拒絕從你的錯誤中學習，一把幫助自己再更加失敗一點。

或者，你會怪罪共事的伙伴或老闆或愛人，因為他們讓你失敗。然後你因為他們行事邪惡，而產生了憤怒的感受（譴責

別人）。現在你非常生氣、防衛心強，但心底還是在責怪你自己。然後，如果你看到自己的怒氣多麼有害，你可能會因為覺得憤怒而嚴厲責備你自己。

如果你努力去獲得無條件自我接納，做到「很少再為了任何你做的事而指責自己」的程度，但同時仍願意承認自己行為表現不佳，那你一樣會擁有健康的自我：「我是獨一無二的個體，我存在，我會努力好好表現、擁有良好的關係、幫助他人、感覺快樂。」但你將減少有害的自我評價，也不會因為火上加油的自我評價，而容易陷入煩惱。

無條件接納他人

你啊，就是個會犯錯、容易煩惱的人。大家都是如此啊！別人待你常常也很卑劣、可惡、不公不義。為什麼呢？因為他們就是會這樣啊！就如人類的整個歷史所展現的，大多就是這麼一回事。

大家通常不會認為自己的行為是「壞的」。或者，他們會認為你「活該」被他們差勁對待。也或者，他們會承認自己做了壞事，然後繼續為惡。或者，隨便怎樣啦！

因此，要找出一種常見的非理性信念：「因為人們最好不要做出像現在的惡劣行為，所以他們**絕不應該做**出那樣的行為！」然而回到現實層面，很明顯大家**現在**就是行為惡劣，當

下又怎麼能**不去**做惡劣行為呢？根據你的說法，他們毫無疑問就是行為不良，不過哪裡又有明文規定他們必須要行為良好呢？

不提廢話了。你要對別人的行為非常生氣，那是你的個人特權。但是命令別人的行為不能違逆你的意思，別人對你的不順從讓你無法忍受，那就太過誇張了。別人當然可以做出任何他們選擇要做的行為。如果你真的受不了，那你就會因為他們的行為而死。嗯，那你會多常死掉？

所以要注意！如果你要討厭，就去討厭別人常做、或是沒有做到的事情。但是別去要求他們得行為良善。不要因為別人「惡劣」的行為，而譴責他們或是他們的為人與性格。試著去幫助他們改變，不帶怒氣的。但是，如果他們不願意（偶爾也會是沒辦法），你就接受他們是容易犯錯的人類。要接納罪人，就算他們持續在「犯罪」。不要忘記他們的罪行，但給予罪人原諒。

生氣、憤怒、暴怒都很難克服，因為這些通常會讓你的自我（ego）感覺良好。你貶低了別人，而你用情緒的蹺蹺板抬高了自己。你憤怒的時候，會覺得強壯而有力量，就算你是在無力地掩飾你的脆弱，或是屈服於幼稚的發脾氣。你覺得比起被你攻擊的對象，你這個人更好──因為你當然是完全正確的，而對方是錯誤的、糟糕的、惡劣的。你宰制了你的敵人，而也許別人都知道了你是強大的宰制者。你展現了此刻的你有

多正確、多正當，不容置疑，而彌補了先前的錯誤和軟弱。

　　事實上，生氣和憤怒凸顯了你的軟弱。憤怒讓你獨斷、失控、被衝動驅使。憤怒使你過度類化（overgeneralization）、做出愚蠢的決定、浪費時間精力、執著於你討厭的人、失去朋友、與你愛的人形成對立、做出瘋狂具毀滅性的行為，甚至有時導致犯罪。憤怒會造成身體的傷害，通常會增加過度的壓力、高血壓、腸道問題、心臟缺陷、促使其他身體問題惡化。生氣和憤怒大多會干擾到你解決問題的效率、短期和長期的規畫、對成功的追求、運動成就的高低，以及其他有建設性的嗜好。

　　放下你的怒氣、建立無條件的接納他人（unconditional acceptance of others, UAO），這會牽涉到重大的哲學觀改變，可能會讓你的人生大為進步。這樣做顯示，你可以控制一些最強大、最自然、最有毀滅力的感受。這樣能帶給你真正的和平，與他人或自我相處皆如此。這樣做，可以豐富你的友誼、愛情、合作、協同，和創意力。這樣做，能帶來更好的工作效果，帶來更愉快、更有趣、更有價值的計畫。這樣能為你的好友、同事、同儕展現良好的示範。能促進並且創造地球上的和平、提高兩性之間的善意。當然，還會更長壽！

　　如我之前提過的，當自我貶抑時，你常常會感覺非常糟，因而有意無意的用怪罪別人來逃避。這並不是好事！你為了別人的不良行為譴責他們的時候，也可能會增強自我譴責的傾

向，而太強烈地批評自己：「我明白他們行為愚蠢，不是好人，可是由於我的行為也是那樣，難道我不算是卑鄙的人嗎？」根據這個自我評定的「邏輯」，答案是：算，我是卑鄙的人。

再說一次：你斥責別人的時候，你也許會注意到他們受傷的神情、他們反擊的憤怒、他們少了愛與合作，以及他們對抗你的動作。你也可能會注意到你自己反應過度和缺少控制力，也可能會因此自我貶抑。

做到「對他人的無條件接納」是意義非凡的，這是健康的自我控制，且影響深遠。尤其是，有些人的行為真的很可惡時。藉由得到無條件接納他人的態度，你完全承認了是你在創造和管理自己的感受，而且常常沒管理好。無條件接納他人是誠實的、實事求是的、實用的。這樣做能使你良好地掌控自己，通常還有你的人際關係。如果你明白這點，努力做到無條件接納他人，而且確實成功很多次，經由練習，就能逐漸變成自然而然的行為。然後，你的思考、感受和行為很容易就能不帶怒氣。你顯然能掌控自己。不是一直都可以，但大致而言都能做到了。你能與自己和平共處，也能更徹底與世界和平共處。

讓你自己明白這點。決定要達到這點。下定決心要依照你的決定來行動。行動、再行動，依照決定去行動。讓你的意志成為意志力，來增進你無條件接納他人的能力。這是為你好，

也是為社會好。

　　葛瑞格是一位推銷員，二十七歲，他會透過猛烈抨擊別人得到相當大的快樂，從而覺得自己很好。不幸的是，他對別人的憤怒促使他的血壓升高，開始導致情緒緊張，造成背痛。他一開始拒絕接受 REBT 的觀點，因為根據 REBT 的說法，當別人對他不公平，讓他對別人發怒的原因是他自己的非理性要求（要求別人不應該這麼做），而非不公平這件事本身讓他感到憤怒。在我要求他試著接受這個觀點後，他很訝異地發現怒氣消逝得有多快、多明顯。他不只背痛減輕了，而且還被一股平靜的感受團團圍繞，他幾乎無法相信自己能做到這樣。他這輩子第一次覺得自己很好，是因為他覺得自己好，而不是因為把別人踩在腳下。

Chapter 7

好糟糕！好可怕！好恐怖！
我受不了了！

要說服你自己，壞事只是壞，不是糟糕透了。就算非常壞也只是壞
而已，從來不會超過壞的程度。你努力改變討厭的事件時，也要接
受這些事。你要一直去除恐懼和害怕，直到你真的再也不相信。

　　幾乎每個人的生活都充滿了麻煩。我們從出生到老死，最
常碰上的是什麼呢？成千上百種的痛苦、疾病、苦惱、病痛、
挫折、限制、失望、問題、障礙、不義、鬥爭、財務困難、遭
受拒絕、批評、貶抑、隔閡、偏見等等。

　　為什麼，我們最期盼的願望時常遭受阻礙，而我們最憎惡
的鳥事卻總是成真？因為這就是生活。需要這樣一再發生嗎？
對，沒錯。就算童年過程受到完善的照顧，我們之中也沒有任
何人躲得過這些試煉與苦難。青少年跟成人呢？那更不用說

了！

　　你可以做些什麼，來停止自己為了生命中的「恐懼」（horror）而憤怒和憂鬱呢？二十世紀初，美國神學家雷因霍爾德・尼布爾（Reinhold Niebuhr）說得很有智慧，我補充一下——給你自己勇氣，去改變你可以改變的不幸事物。給你寧靜，去接受（但不用喜歡）你不能改變的事。給你智慧，去明白其間的差異。[1]這樣你就可以完全拒絕讓害怕和恐怖的事變成惡劣的麻煩了。

　　但是，真正的困難、重大的麻煩通常不會消失。你和親戚可能都曾遭遇過嚴重疾病、傷害、襲擊和暴力、犯罪與其他問題；而你每天看著電視和報紙，也會發現洪水、飢荒、恐怖主義、戰爭、種族滅絕和其他暴行慘烈的細節。然而，顯然不是每個受苦的人，都會為自己所受的苦頭感到痛苦。不是所有人都會把「壞事」定義為糟糕、可怕、恐怖，使事情變得更加糟糕。很多人都會如此，多數人常常這麼做。但並不是每個人都是。而且沒有人一直如此做。

　　為什麼你會把麻煩糟糕化，因而增加了你的痛苦呢？或許是因為你從古代的人類祖先那裡繼承了這個傾向，他們沒辦法活得太過平靜慵懶，否則很可能一不小心就死了。為了生存，他們對危險與威脅可能發展出了誇張的「恐懼感」，進而驅使

1　這段是改寫自尼布爾知名的「寧靜禱文」（Serenity Prayer）。

自己能盡快採取預防措施。

　　或許，隨著各式的維安行動出現，古代的人類發現了口語上的糟糕化，例如向別人訴苦和抱怨壞事有多可怕，比較容易得到其他人的支持，結果可能造成存活下來的人反而是最會自憐的人。

　　不過，這種糟糕化的反應在全世界相當普及，因為這很可能是一種人類遺傳而來的反應，用來面對非常糟糕、可能會要命的事件。我們之中有誰不常有這種反應呢？少之又少吧！

　　此外，糟糕化也有些好處。你把逆境（A）看成糟糕而恐怖的時候，你就會非常仔細關注這件事，思考如何改變或逃脫，而且常常會採取你在其他狀況不會做的預防行動。有時這件事會鞭策你去拯救自己和所愛的人的生命。因此這樣的反應可能（我說可能），有助於人類的生存。

　　可是，這樣的生存不怎麼快樂啊！我們所謂的天性，不太在乎我們生存得如何，只要我們活著就好。所以，天性會促使我們這些薄皮膚的脆弱動物，在面對危險的時候要極為小心、保持警覺與焦慮，而且要拼命逃離所察覺到的危險。事實上，由於我們的天性，所以我們看到的危險往往比實際存在的更嚴重。我們就這麼活下來了，大多活得很悽慘，伴隨著太多的恐慌和逃跑。但是，我們的確活下來了！

　　糟糕化的反應確實經常奏效。但是面對很壞的狀況時，如果可以不用糟糕化的心態面對，通常效果還會更好。就像

REBT 的主張，你在面對危險的時候，可以在負面感受中做選擇。你可以讓自己感受到：①健康的擔心及警覺；②不健康的恐慌和害怕。第一種選擇永遠比第二種選擇更能幫助你。有幾個理由：

糟糕化引起的恐慌和害怕容易誘發混亂，干擾你找出好方法解決眼前的問題。這些情緒有時會讓你頭昏腦脹，沒辦法冷靜且清楚思考。這些情緒很可能會幫你更快逃離「可怕的東西」，但跑錯了方向。這些情緒也可能推著你快速解決問題，但方法常常很差勁。這些情緒也許會擾亂你，而想不到更好的替代方案。這些情緒有時還會干擾你的生理反應、消耗能量。這些情緒也許還會令你覺得軟弱而失控，造成你為了自己的軟弱而自我貶抑。

在幾乎所有人都同意情況真的非常壞的時候，你要如何不認為事情很糟糕呢？這可不簡單！很壞的情況確實有可能讓你和你所愛的人受苦。例如說：失去視力、手腳、聽力，或是你的腎臟或腸子。虐待兒童、亂倫、強暴、暴力攻擊、被嚴重迫害。貧窮、犯罪、歧視、性騷擾與其他騷擾。嚴重的精神與情緒困擾等等各種的麻煩！

然而，極端惡劣的事件，只有經過你的定義之後才會糟糕、可怕、恐怖。**「壞、不好」永遠不會真的代表糟糕，但你可能認為就是如此**。而你永遠不必用這種自我毀滅的方式思考。事實上，如果你想得夠清楚，很快就會發現沒有什麼事，

對,沒有什麼是糟糕的。因為糟糕通常有好幾個意思,其中大多都不正確。有兩個正確的意思是:

一、糟糕,表示相當的不好或極壞。嗯,從你自己的目標和標準來看,這點幾乎總是對的。如果你強烈偏好在性關係、愛情、工作或運動方面成功,而實際上你失敗了、被拒絕了,你的失敗明顯違反你的利益——因此這令人挫折,這是壞事。當然了,對別人來說未必如此;但是對你而言確實如此。所以把你的失敗或被拒絕評斷為壞事,似乎相當正確。

二、如果某件事極度違反你的目標和利益,你可以合理的說這是壞事。因此,如果你有某個重要的案子非常失敗,似乎很確定你永遠無法成功了,你可以說這次失敗很壞,或是令人極為挫折。例如說,那個你真正在乎的人,如果你沒有得到他的愛,彷彿你永遠找不到一樣好的伴侶了,那你可以說這是非常壞的失落。

所以,如果你稱呼這兩個逆境為糟糕,那這個詞也差不多算適當。然而,你說其他逆境是糟糕或恐怖的時候,你通常指的是幾種其他的狀況,而你無法實際證明。例如說,來看看「糟糕」這個字一些不合理、自我挫敗的定義:

一、你形容一件壞事是糟糕的，真正的意思是這件事很壞，絕對不應該、一定不可以存在。但是這很荒謬，因為不管事情有多壞，它就是存在，既然存在就必須存在。所以你是在浮誇地要求：只有普通壞的事情應該發生，而這件非常壞的事情絕對沒有發生的權利。事實上，你說這些事情糟糕的時候，你就是矛盾地在宣稱這些事確實存在，但是無庸置疑的不可以存在。太奇怪了！

二、你堅持某件討厭的事情是糟糕或可怕的時候，如果你對自己誠實的話，你就是在暗示這件事已經壞到底了：完全，或百分之百的壞。但事實上沒有事情會是百分之百的壞，因為情況永遠可以更壞。如果你會慢慢被折磨到死，那永遠可以用更慢的速度把你折磨到死。大概只有一件事可以算是完全的壞，就是人類、現在存在所有的有生命、無生命的事物，還有整個宇宙完全滅絕。嗯，這種事最近似乎不太可能發生。

就算整個宇宙都要毀滅了，這樣非常不幸，但也不算真的糟糕，原因有幾個：①反正我們最後都會死。②我們被毀滅之後，就不會知道我們不存在了。③很遺憾的，很多物種再也不存在了，例如暴龍和恐龍。但這真的糟糕嗎？④如果你認為人類（或動物）可能滅絕或真的會滅絕是糟糕的事，那這樣想能幫你活下去或是過得快樂嗎？

三、你把非常不幸的事件貼上可怕、恐怖、糟糕的標籤時，有

時候你的意思是——再一次，如果你真的誠實的話——這樣比壞還要壞，101% 或許 200%。你要怎麼證明這個假設？

四、你在宣稱非常壞的事件很糟糕的時候，你的意思常常是這件事情壞得太不可能，所以這件事：①其存在不合理。②無疑地就是這麼壞，但是它絕對不能這麼壞。③絕對、根本不可以存在。④壞得令人害怕，以至於你沒辦法有效的改變、接受或處理。對於「壞」這個事情的性質，你有這些高度矛盾的想法，在思考的過程中，你常會把這件事同時神化與妖魔化：堅持這件事太過真實又太不真實，因而干擾了你處理這件事。你的糟糕化真是把事情弄得一團亂，糾纏不清啊。

五、如前所述，糟糕化很少能幫助你（或是任何人）把壞事變得更好，反而經常干擾你改善這些問題。你會認為事情比實際狀況更令人挫折、更加惡劣，而使你可能真的促使狀況惡化。老是想著這些，你也會增加和延長這些事情惱人的程度。你會一直被這些事煩擾，沒完沒了。

如何解決糟糕化的反應呢？要說服你自己，壞事只是壞，不是糟糕透了。就算非常壞，也只是壞而已，從來不會超過壞的程度。你努力改變討厭的事件時，也要接受這些事。你要一直去除恐懼和害怕，直到你真的再也不相信，如果你偶爾又虛

構了出來，你也很快就可以把這些恐懼，變回單純的事件之壞。隨著這樣做的次數足夠多了以後，面對真正的逆境，你仍然會感到挫折失望，但失望的程度只會讓你想努力去改善這些狀況。但是，你幾乎再也不會把麻煩化為想像中的災難，把現實的不幸變成虛構的恐懼。

優雅的減少「我受不了了」

就像絕大多數的人一樣，如果你非常不喜歡發生在身上的某件事，你常會愚蠢地堅稱：「我受不了了！我承受不住！」但是你其實可以，也承受住了。為什麼呢？因為，首先如果你受不了痛苦的事件，例如沒找到好工作，被你在乎的人拒絕，或是罹患嚴重的疾病，你可能會因為這樣的損失而死亡。嗯，你會嗎？除非你笨到去自殺才會。但是你不喜歡的東西，很少會真的殺死你。事實上，你在提到肉體上的危險時，你很少會說「我受不了了！」，你會這樣說，大多是指不危險的狀況，例如被拒絕。所以，其實你幾乎可以受得住任何你根本不喜歡的事物。

其次，這般「我受不了了」的信念通常都極為誇張，例如，「失去這份好工作，我受不了！」或是「失去約翰（或瓊安）的愛，我承受不了！」。這些話真正的意思是：「如果失去了這份好工作，或是失去了約翰（或瓊安）的愛，因為我絕

對不應該如此，從此之後，我根本沒辦法快樂起來了，我的餘生幾乎每一分鐘，都一定只能經歷巨大的痛苦和不幸！」啊？！若你深信不疑、依此行事的話，或許會讓這個信念成真。但是這確實是真的嗎？你的人生中有事情嚴重出錯的時候，是否非得讓自己永遠痛苦萬分？當然可以。但很明顯地，你並非一定要這樣。你可以選擇找到其他的快樂，如果你決定這麼做。

第三，你說出「這我受不了了！」或是「那我承受不住了！」的時候，其實你還活著，而且實際上就正在承受著。如果你說：「我受不了這份工作了！」或是「我受不了這段婚姻了！」你可以計畫打算怎麼離開。好。想改變這個狀況，這是合理的決心。但是你受不了了，卻不幸還留在工作或婚姻裡的時候，你其實就是在承受，而且正在抱怨你承受不住「實際上你正在承受的」東西！

沒錯，壞事，甚至是非常壞的事情，都會不斷發生。但是你可以選擇去處理，選擇找到一些其他的滿足方式。或者你也可以選擇「不要忍受」，但繼續留在原點忍耐，讓你自己毫無必要的受苦！還有，你也可以選擇離開這個局面，儘管如果你留下來承受，做了一些事來改善，對你而言會有更好的結果。

「不管我有多不喜歡，我一定可以承受幾乎任何事情！」你需要堅定、強烈，且沉穩地相信這點。這為什麼非常（雖然不是絕對）重要呢？有幾個理由：

一、你總會經歷到不喜歡的事情。為了保護自己，你最好實際地把這些事情定義為逆境，盡力予以減少或消除。例如貧窮。被襲擊或性侵。嚴重的疾病與意外。受人監禁和折磨。你最好健康地討厭這些事件，做好避開逆境的計畫，尋求別人的幫助，阻止自己讓事情更加惡化，並且在避不開的時候想辦法處理。但是不要採取「我受不了了」的方法，這樣更常會提高你的厭惡感，妨礙你的處理能力。

二、「我承受不了這個逆境！」表示你連好好考量這件事也無法忍受，打算能躲則躲，避免面對這個情境。如果這樣的話，你要怎麼去處理或改變這件事呢？

三、「我受不了了」的想法，會讓你對於那些討厭的人與事，思考扭曲、行為混亂。如果你覺得受不了一些重要的人，你可能會讓自己對他們感到生氣，誇大他們的「過失」，妨礙你自己的堅定自主，讓你過度抱怨他們。這些行為能讓你有什麼進步嗎？不可能會有建設性吧！

四、你受不了某人的行為時，你會讓自己為此過度煩惱，而且通常你認定的惡劣程度會比實際狀況更糟。遇到那些令你受不了其厭惡行為的人，你通常會譴責他們差勁的行為，以偏概全斷定他們一無是處，或許還會全面抵制他們，眼中看不見他們的良善特質。你會讓自己太過偏執，在別人良善與中性的行為中，你通常也只會看到討厭、反感的那面。

五、同樣的，當你受不了某個不妙的情況時，例如家庭或工作上的事，你很可能就會認為這是全然的壞事，一點好處也沒有，而完全予以抵制，因此看不到這件事良好而令人快樂的層面。

如果你完全說服自己，你可以承受得住令人挫折的人與事，就可以選擇離開；或是留下與之共處，**繼續尋找這些人與事的優點和好的一面**。此外，有時你最好不要逃避逆境，例如你有些姻親，沒那麼容易拒絕往來；有個爛老闆，可是這工作不錯、薪水又好；或是像癌症這樣的疾病。你仍然可以接受這些令人不快的狀況，在某些情境，或許還能找到一些你欣賞的部分，**繼續忍耐下去，想辦法找到其他令人滿意的事情**。

再說一次，你一旦完全說服自己：你可以受得了幾乎任何發生的事，只是會被大大小小的不方便纏身。那麼，你將能除去生活的恐懼。當你堅定相信，你只會經歷到許多的不舒服，除了不方便以外也沒什麼，你就可以獲得少見的平靜。對。你還是下了決心，要改變能改變的有害事物，但是對於改變不了的事，也能平和地忍受著、有時還能享受。這種不尋常的冷靜沉著，可以不斷為你的人生增添色彩。很優雅的！

避免過度類化與貼標籤

人對事情的解讀很容易類化，而且會過度類化，兩者幾乎一樣簡單。因為你沒得到想要的幾個工作，所以你可能合情合理的斷定：「我想要的工作大多都得不到。我猜我最好多多嘗試，這樣最後才能得到我喜歡的工作。」

很棒！這是合理的類化。這對你有幫助。

但是你會愚蠢的加上：「因為我一直沒得到想要的工作，所以我永遠得不到好工作。我得不到渴望的職位。我最好放棄，不要再試著找工作了。」

你失敗過好幾次，但這次未必就會失敗。摧殘你的父親或母親有一雙明亮的藍眼睛，也別認為就一定要避開所有明亮藍眼睛的人。你可能會覺得最虔信宗教的人很難理解跟對話。但是他們所有人都如此嗎？

你的過度類化不合邏輯，而且限制了你自己。這樣可能造成對其他人與團體的歧視。應該要檢查修正。

過度類化中有一種特別有害的形式，就是貼標籤（labeling）。如果你說「我就是懶」或是「我就是個懶人」，你就是拿某些行為，來暗示你一直、而且幾乎在各方面的行為都很懶。但你有如此嗎？貼標籤也表示，你會一直符合某個特定標籤，而且你無法改變。如果你真的懶，也就是說，你懶到底了，那你怎麼可能敦促你自己不要那麼懶或是不懶惰呢？不

太好吧！

此外，「我就是懶」常常意指「我不應該這樣，我不應該這麼懶，我這樣不好！」就如我之前所說，你用的又是表示同一的「是」，而且意指你一直都是壞的。但你想表達的其實只是，某些時候的某些行為不如你理想中那樣稱心如意。

就算是告訴自己：「我做事懶惰」也會有風險。因為這樣可能表示，你幾乎每一刻做的每件事都是懶惰的。真是這樣嗎？不是吧！

還有！要小心，別因為你在某些事上有困擾，就貿然為自己貼上標籤。也許你在特定狀況中的某些時候，有憂鬱的感受。但如果你因此斷定「我就是個會憂鬱的人」，你就是在助長自己——在許多狀況中「幾乎總是」感覺到憂鬱。這就是我們醫學傳統的危險之一，我們常常把人標籤為「會憂鬱的人」，因此他們連想試著改變都會被阻止。

同樣的，像「我很困擾」這樣的說法，比起「有時我的行為舉止令我困擾」要糟糕得多。「他是瘋子！」與「就我所知，他在一些特別場合，某些特定行為會有點瘋狂。」也大不相同。

所有的貼標籤都很愚蠢嗎？肯定不是。香蕉和梨子都可以叫做「水果」，也不會造成什麼大傷害。但要是你說：「因為香蕉和梨子都是水果，而且因為這兩種我都不喜歡，所以我最好遠離所有的水果。」那你可能就有麻煩了。限制性與譴責性

的過度類化是我們要小心的。因此，要仔細評估具毀滅性的行為，但不是做出行為的這個人，包括你自己！

然而，不要逃避、認輸。有人行為「惡劣」、「不義」的時候（他們常常如此！），要放下你那神諭般的命令，別要求他們必須停手，不要因為他們的「惡劣」行為而譴責他們的人，試著不帶怒氣的去引導他們改變，而且接納（而非喜歡）他們依然無法改變的部分。然而，如果可以的話，要告訴他們，你為什麼、又有多希望他們怎麼做才好。要不帶怒氣的說服他們做出更好的行為。如果可以的話，選擇遠離他們。但是要停止大呼小叫，停止抱怨他們絕對不能做、卻正在做的行為。如果你有力量阻止他們，要小心使用。如果你無力影響他們，也別假裝你真的有這力量。大家通常會依自己想要的方式來行動，而不是你想要的方式。太可惜了──但不是糟糕！

為了要進行重大的哲學觀改變，從而讓你自己更不容易受情緒困擾，你最好看看柯日布斯基 1933 年在《科學與健全》中指出的：你，跟我們其他人類一樣，都有先天與後天的強烈傾向，常常會過度類化，也會在你的語言中加入貼標籤、表示同一的是、非此即彼的思考（either/or thinking），還有其他不精確的東西。這麼做不會令你瘋狂，但就如柯日布斯基說的，這麼做常常會讓你不健康，或是變得神經質。

凱文・埃弗瑞特・費茲茅理斯（Kevin Everett FitzMaurice）是奧馬哈市的治療師，把普通語義學的原則應用在心理治療與

諮商的治療師中，他一直是位重要人物。他在《你需要的是態度》（*Attitude Is All You Need*）有些很棒的論點，反對類化跟貼標籤。他同意REBT的原則，認為你最好避免專橫的應該和必須、自我譴責、抱怨、責怪他人，以及要求他人改變。他還為這些理性原則補充了一條：停止具體化（reifying）！具體化的意思是，你有對於某件壞事的想法（例如失敗），而你將這個想法視為具體的東西。因此，由於你把失敗視為「恐怖」，你就把失敗變成了思想中的實物，而且還很肯定這件事本身就很「恐怖」。其實這件事只有對你「恐怖」。但是對於這件事的「恐怖」，你的觀點和強烈地感受會使這件事變成「毫無疑問的恐怖」。接著，你的行為就會表現得像「失敗就是恐怖的」，讓自己惹上各種沒必要的麻煩！

　　你可以使用普通語義學、費茲茅理斯「思想中的實物」的觀念，還有REBT所謂過度類化、扭曲的思考，來理解你有多容易給自己造成情緒問題；你也許能從而幫助自己，為困擾找出「優雅」的解決之道。

　　試著去找出你什麼時候在過度類化、貼標籤、使用「非此即彼」而不是「以及、而且」的語言。減少你在語義上的疏忽，並不是心理健康的萬靈丹，但是可以有效減少你絕對與獨斷的想法。你對於語言造成的困擾越是警覺，你越不會傾向於自我挫敗的思考、情緒和行為。過一陣子後，在你張開大嘴巴、對自己與他人說出不正確的話之前，你將更容易阻止自

己。若是如此，那你的困擾就會明顯減少，也比較不容易再受困擾影響。我會在第九章繼續討論 REBT 這個重要部分。

Chapter 8

最壞的狀況會是什麼？

就算是最壞的狀況確實發生了，也只會是非常令人沮喪，而不會是全然的壞。面對極端惡劣的逆境，你可以保持關注，但不是陷入恐懼。

我在第五章約略提過，你該怎麼想像一件可能發生在你身上最壞的事，還有準備處理這個可能的狀況。讓我回頭仔細談談，這個可能的狀況實際發生會如何，以及你該怎麼處理。

接受可能發生在你身上最壞的狀況

可能在我們身上發生的最壞狀況不太可能發生。但還是會。你可能發現自己即將死於愛滋病或癌症，或者你所愛的人身處這個情況中。或甚至是世界末日就在眼前，或是某些其他「可怕」的事件即將發生。你要怎麼處理這個逆境呢？

讓我簡短概述我所督導的案例，我也曾在《更好、更深入、更持久的短期治療》一書中敘述過。蓋兒是紐約艾里斯學院的治療師，蘿貝塔是她的一個案主，蘿貝塔來求助的理由是她很害怕因為愛撫而得到愛滋病，即使她和她的愛人都衣衫完整。她也覺得握手「非常危險」，並經常感到恐慌。最後，蓋兒終於說服了蘿貝塔，穿著衣服愛撫很難得到愛滋病。

　　蘿貝塔沒再那麼恐慌了，因此她決定冒險去跟一位非常安全的男人愛撫，在他們愛撫的過程中，男人全程穿著衣服。蘿貝塔覺得這種有約束的愛撫很愉快，變得比較不害怕，於是即將結束治療。

　　蓋兒跟我都同意，只做過十二次REBT的晤談，這對蘿貝塔而言已經是很棒的進步了。然而我指出，蘿貝塔對於跟人握手還是會感到擔心害怕，受到一點點的疼痛都會誇大其事。例如，胃痛就一定表示她得癌症了。

　　所以我建議蓋兒，下次遇到像蘿貝塔這樣的案主時，蓋兒可以選擇優雅的解決方法，而且幫助她了解，她罹患致命疾病的機率很低，真的非常低。但要是真的得病了，死亡也還不算糟糕的事。為什麼不糟糕？因為這不是百分之百的壞。她永遠都有可能死得更早、更痛苦。而且，這件事不是壞到絕不應該讓人知道。不管事情有多壞，都應該就是眼前看到的那麼壞而已。因為事情就只是這樣：非常壞！

　　蓋兒同意，蘿貝塔如果試用我提供的優雅解決方法，她的

嚴重焦慮或許可以減輕更多。在下次的晤談,她試著說服蘿貝塔沒有什麼是糟糕的,包括死亡。她讓蘿貝塔了解,死亡,就我們所知,就跟人在受孕前的狀態完全一樣:零。沒有痛苦,沒有麻煩,沒有憂慮。什麼都沒有。所以,何必因此困擾自己,反正你最後都要面對的,何必因此擔憂,讓自己受不必要的苦,甚至到九十五歲都還擺脫不了呢?

在蓋兒提出這個論點的那次晤談中,蘿貝塔拒絕接受。她承認,死亡本身可能沒有那麼恐怖,但死得很痛苦,就可能會恐怖。她在晤談完後又多思考了一下,慢慢了解到蓋兒的論點幾乎是正確的。死亡本身沒有什麼好太過擔心的;就算瀕臨死亡通常也很快,沒什麼痛苦。

蘿貝塔做出這個結論之後,就不再像以前那麼害怕染上性病或其他疾病了,她開始嘗試更多的冒險,在治療的最後一次晤談時,她感謝蓋兒幫她克服了困擾自身許久的焦慮。她說:「謝謝你幫我想通了這件事,甚至深刻理解,我的死亡雖然是非常令人反感的事,但並不是糟糕至極。我真心感到被解放了。我會繼續採取預防措施,不過只會針對性病的「實際」風險。最後,我很確定,未來的人生我還是會有一些憂慮。但是不會再那麼繁多、那麼嚴重了!」

蘿貝塔找到了這個更優雅的解決方法,來處理長期以來的恐慌和恐懼,對於自己能做到這點,她高興得不得了。成功幫她擺脫憂慮的蓋兒,其開心的程度不相上下。

你採用「假設最壞的狀況真的發生了」的方法，好處在於：這個方法不只會讓你停止把比較小的「災難」糟糕化，也適用在情節嚴重的災難。因為，如果你了解到：就算是最壞的狀況確實發生了，也只會是非常令人沮喪，而不會是全然的壞。那麼，你就可以擋住多數自尋苦惱的窘境。**面對極端惡劣的逆境，你可以保持關注，但不是陷入恐懼。**

如果你採用這個方法，解決情緒失控的感覺，那你也可以停止誇大「糟透了」的事情實際發生的機率，讓你在情緒自律上更堅強。所以，哈利以前很怕去看棒球比賽，因為他害怕棒球會飛進他坐的看台，打到眼睛，讓他終身失明。他終於能夠接受，就算這件事真的發生了，他會承受失明的苦難，但他還是可以活下來，過著快樂的生活。他理解了，他可以在看台上選個安全的位子，也可以接住或是避開任何朝他飛來的球，而他被打瞎的機率其實非常低。從此他就不帶畏懼、放心地看了許多場棒球比賽。

就像我剛剛描述的這些案主一樣，你可以接受現實，知道自己沒有能力控制所謂的「命運」，以及可能會發生的許多意外。如果你發瘋般地以為，你必須要控制所有危險的事件，你也辦不到，就算你努力控制了一部分狀況，你的自由與生活也會大受限制。所以，如果你避開了「危險的」飛機航班，你還是可能會死於車禍；而限制了自己旅行的遠近和次數。如果你「安全的」留在房間裡，還是可能會陷身火災之中。不管怎麼

約束自己，你都可能受到某種細菌或其他隱憂的傷害。真難搞！但是你確實不能完全掌控你的命運。

如果你接受這宇宙是無法控制的，那你對於危險的焦慮就會大為降低。你一旦認同，為了要維護你「徹底安全」，就必須給自己加上沉重的約束，也許你就會明白，這種「安全」幾乎不值得。還有，當然了，就算是你最強烈的擔憂，也幾乎無法讓你全然的安全。人生就是有一定程度的危險。如果你完全接受這點，那面對「恐怖」的危險和阻礙，你的擔憂就會大為減少。當你保持適度謹慎和警覺，但同時接受生存的隱憂時，就會給自己更大的機會，來享受人生中你仍然擁有的任何事物。就像心理學家麥可・阿布拉姆斯（Michael Abrams）與我在合著《如何面對絕症》（*How to Cope With A Fatal Illness*）中所說明的，真的知道自己將要死去的人，還是可以選擇「趁自己還活著，好好享受人生」這個選項。

路易斯・湯瑪斯（Lewis Thomas）是位知名的美國醫師兼作家，他知道自己罹患了罕見的絕症之後，抱著「好好享受人生」的心情又過了好幾年。網球選手亞瑟・艾許[1]也是，他因為輸血疏失而罹患愛滋，卻帶著病英勇的活下去。魔術強森和作家安納托・布羅雅德（Anatole Broyard）面對絕症的心態也調整得很好。還有許多比較不知名的人，例如華倫・強森

1　亞瑟・艾許（Arthur Ashe，1943-1993），美國網球選手，第一位奪得大滿貫男單冠軍的黑人網球運動員。

（Warren Johnson），一位 REBT 的教授兼心理治療師，他寫過一本很棒的書《拼死反抗》（*So Desperate the Fight*）。理性地接受真實危險的存在，這樣的哲學觀有時可以為你帶來幫助，就算你真的很難受，也肯定能找到辦法享受人生。

我八十五歲了，從四十歲起就罹患第 1 型糖尿病（insulin-dependent diabetes），我有對自己使用 REBT 嗎？當然有！當我發現某些最壞的事，例如足部壞疽或全盲可能很輕易的發生在我身上時，我很快就說服自己：「真遺憾！真不幸！但是這依然不會是世界末日。不。這不會是糟糕或是可怕。只是非常令人挫折與苦惱！」

我真的這樣相信嗎？是的，而且這個論點我主要是從哲學思想中歸納出，而非心理學。

十六歲的時候，我選擇哲學閱讀和寫作當作嗜好，並專注於探索快樂的哲學。我很快就發現，只要我以及任何人活著，沒有受到太多身體上的痛苦，就算我們生病、孤獨、受人鄙視，或是平常的樂趣被其他方式剝奪了，也總能找到一些有樂趣的事來做。

我在二十幾歲的時候甚至想到，如果有一天我被放逐到荒島上，沒有東西可讀，沒有人可講話，沒有收音機可聽音樂，沒有書寫的材料，那我還是可以在腦袋裡寫出一首史詩，為自己帶來一些樂趣，而且如果我獲救了，其中的大半內容將留在我的記憶中。無論如何，我都可以頑固地拒絕成為可憐人——

只要我還活著，沒有受到太多身體上的痛苦。

對於人類逆境的問題，REBT 給每個人的是類似的解決之道。REBT 教導，只有身體持續的痛苦，才有可能讓你的生存沒有價值──但不是必然如此。否則，你總能找到一件能吸引你、值得為之活下去的事。

那要是你失明或殘廢了，怎麼辦？如果你被禁錮在床上或輪椅上呢？如果你獨自一人沒有朋友呢？

不要緊！嗯，至少沒有那麼要緊。對，如果你平常的樂趣被極度剝奪掉許多，或是大部分，那的確很要緊。真的要緊。但只要限制不是全面的，你就一定能找到一些令你愉快活下去的事情：音樂、藝術、閱讀、寫作、集郵、編織、園藝、講電話、幫助他人……找到某樣你選擇、你喜歡、讓你感覺真的很棒的東西。是的，即使有些事你做不到，也享受不了。是的，即使生命有這些煩人的限制！

所以不要放棄。不要以為事情沒有希望了。你可以接受社會的現實（或許還有不公不義），但讓自己只是健康的遺憾與失望，而非不健康的憂鬱、害怕和恐懼。我知道很困難，但也並非不可能。你總會找到某種程度上實際而且你喜歡的樂趣。**如果你強烈「相信」自己做得到！**

再說一次：要努力了解，如果某些最壞的狀況發生了，也不必感到痛苦或恐懼。我可以面對嚴峻的的問題和困難，但我不必產生糟糕與恐怖的感受。這就是 REBT 的訊息，你可以堅

定相信，而且拿來用！

為什麼你需要停止抱怨？

1955 年，在我創立 REBT 並積極地使用在一些案主身上後不久，我很訝異，甚至是震驚地發現，如果他們和我一起誠實面對其困擾，那困擾中通常都包含抱怨。就這樣嗎？嗯，或許不止，但大多如此。

當我了解到，我寫在論文〈理性心理治療〉（*Rational Psychotherapy*）中的十二種非理性信念，可以用三種主要的名稱來歸納的時候，這點就變得更加清楚了：①「我一定要表現良好，贏得別人的讚賞，不然我就是不夠格的人！」；②「別人一定要友好而公平的對待我，不然他們就爛透了！」；③「事情一定要是我想要的樣子，不然這世界就壞到極點了！」如果你堅定抱持一個、兩個，或三個這種想法，你就會常常為各種逆境抱怨與咆哮，讓自己處於高度焦慮與憂鬱。

仔細想想你就會明白，這三種非理性信念，皆屬自大型態的抱怨：「如果我沒有做到絕對必須做的那麼好，我就是個沒有價值、可憐的人！——抱怨，抱怨！」、「如果你沒有像絕對應該要的那樣對待我，你就是個卑劣的人，因為你那麼惡劣的對待可憐又悲慘的我——抱怨，抱怨！」、「如果我人生的狀況不是徹底的好，不是徹底必須要有的樣子，那這世界對可

憐可悲的我來說，就真的是個恐怖的地方了！——抱怨，抱怨，抱怨！」

如果你有任何以上神諭般的要求，就要完全承認你是在抱怨。當然了，不要因為你的自憐而貶低自己。相反的，要去處理，幫助自己得到對抗抱怨的哲學觀。怎麼做？依據這些做法來進行：

一、承認你的自憐和抱怨是你選擇的，你要負責。大家可能傷害了你，情況可能真的很不公平。但是，沒有人強迫你因此抱怨。沒有人，除了你自己。

二、努力去了解，你發的牢騷和抱怨有多要命——自我挫敗、幼稚得像三歲小孩、沒有魅力、引發潰瘍和高血壓、造成生活設限的退縮傾向。這些都不會幫助你表現得更好、促使別人更公平的對待你，或是改變差勁的環境條件。

瓊恩的童年歷程並不太好。哥哥湯姆對他性虐待。父親在肢體上和言語上猛烈攻擊他，而母親則是忽視他，並說他是個愚蠢、無藥沒救的孩子——因為他有學習障礙。瓊恩十歲時，因為法院宣告家人不適合繼續養育他，而被送到寄養家庭。雖然他努力克服閱讀障礙，但是他沒有時間和金錢讀完四年大學。他拿到了副學士的學位，成為心理健康專業助理，而不是他想成為的心理學家。二十七歲時，瓊恩經常因為自己殘忍而

不公的命運陷入嚴重憂鬱，因為沒辦法更有成就而非常自憐。對於哥哥和父親如此的差勁對待，他有很多抱怨。

在青少年時期，瓊恩曾做過幾次心理治療晤談，因為治療師的緣故而對 REBT 產生興趣，憑著熱情自學研讀這套方法。他先是不再執著於童年受到的惡劣待遇，原諒了父親、哥哥和母親，而能夠跟他們有稍微正面的關係。他全然接受他們是會犯錯的人類，試著幫助他們學習一點 REBT，對於他們沒有意願努力幫助自己、過更有建設性的人生，也接受了這無情的現實。在接受他們的同時，他也了解到，他先前發牢騷、抱怨他們過去那麼對待自己，讓自己暫時覺得在道德上高他們一等，而掩蓋了自己不夠好的感覺。他尤其會因為不知為何沒唸完大學、繼續攻讀心理學，而貶低自己。最後，他終於能坦承，他的確有合理的經濟因素，才沒有完成當時的大學學業。因此並不是「笨」，讓他屈就於選擇一個輔助專業的職業。

瓊恩的進步還不止於此，他也承認自己有點挫折容忍度低（low frustration tolerance, LFT）的傾向，或許甚至遺傳了他家人一些今朝有酒今朝醉的傾向。一開始，他因為這項缺點而嚴厲批評自己，但是他努力去做到無條件自我接納，直到真的能夠接受自己在失敗中的責任，而不藉著怪罪他人來掩飾。

對於抱怨，瓊恩做到了他所說的「突破」，在最後幾次晤談中，有次他解釋：「從我在《理性生活指南》中第一次讀到REBT 開始，我就明白，我的挫折容忍度低，我還是會因為小

時候的遭遇而抱怨。所以我開始努力處理這種抱怨，幾個月之內我就有了相當大的進步。我開始了解你說的，我們人類有困擾自己的生理傾向是什麼意思。我偶爾還是會退步，抱怨起小時候遭受到的惡劣狀況，出現一些真正的自憐感受。但是不會太久！我很快就會看出自己在做什麼，並停下來。」

「我最近了解到，我是藉著抱怨別人對我做了不公平的事，來掩飾我的某些自我貶抑。所以我開始努力對抗。接著我突然明白，貶低自己也是一種抱怨。我是在對自己說：『我不應該脆弱得這麼可憐。我應該努力奮鬥，還是拿個心理學的研究所學位吧。我是弱者，因為我輸給了經濟，還有其它對我不利的因素。』」

「因此從現在開始，我不要再說這種廢話了。我現在完全接受有這些缺點的自己。而隨著我的改變，我就看得更加清楚：我不是個可憐可悲的我。我只是個會犯錯的人類，就這樣，就跟所有其他人類一樣。我的缺點很明顯，但我不是個軟弱而愚蠢的人。」

「也許最棒的是，我現在有了堅定反抱怨的看法。我會一直質疑我的抱怨、找出來，予以駁斥。我不是每次都能成功，但是抱怨的次數一定降低了。不管什麼時候出現可以抱怨的事，例如最近得了流感，我都會注意我的抱怨傾向，予以阻止，然後繼續過日子。這樣就省下了很多時間和精力。我的挫折容忍度低，又受不了自己有缺點，這兩種狀況如今都只是偶

爾出現。出現的時候，我就正面打擊下去！這樣做，真的能讓人精力充沛！」

案主和讀者對抗抱怨的戰役，未必都能得到瓊恩這樣的好結果。許多人回饋表示，透過練習，他們很快就發現了自己的抱怨，並防患於未然。但是其中有些人還是很容易故態復萌。REBT 說，**如果了解到自己有多常抱怨，了解到這樣造成多大的阻礙，因而努力減少抱怨的話，就可以停止譴責自己、他人和這個世界。**不過，你還是可能會常常抱怨，特別是經歷生活逆境的前後。的確，事後的抱怨通常會成為你事前的預測。反之亦然！學會反抱怨的哲學觀，將逐漸減少你的情緒困擾，也更不容易感到不開心。

根除「我做不到」的信念

儘管你先天和後天都有面對問題、處理困難的積極傾向，但同時也有另一股本能令你想逃避、不願改變具毀滅性的習慣。最能自我毀滅（self-sabotage）的傾向之一，可能就是「我做不到」的信念（I-can't-ism）。

通常來說，你可能會選擇一個嚮往的目標，例如鋼琴彈得好，或是克服某個情緒問題，你可能會嘗試幾次，但沒有達成。接著，你可能會不理性地斷定：「你看！我永遠都無法達成。我做不到！」有些人甚至連試都沒試。他們只有想著要試

試看，然後受到這種想法的影響（其實是壞影響），就做出結論：「我做不到。」

　　這種「我做不到」的信念特別會破壞治療。就像我常常跟那些難搞的客戶（奧客）說的：「你一開始說、而且真的相信『我沒辦法改變』的時候，你就讓自己幾乎不可能改變了。你堅定地說做不到的時候，你就不會很努力的去改變，還會找方法毀滅你自己，然後你就真的不會改變了。的確，我們可以說，這樣你已經讓自己沒能力改變了。**未必是因為你真的做不到，而是因為你相信你做不到。**這就是最無情的傷害：自我傷害！」

　　「我做不到」的信念真的很討厭。這些信念對你的困擾來說，或許不是全世界最壞的東西。但有可能是！儘管這些信念不一定都會讓你失敗，但確實有影響。訴諸「我做不到」的信念時，看看自己的結果。你不是很快就阻止自己繼續下去了嗎？這些信念沒有干擾你的成功嗎？嗯？

　　要怎麼克服「我做不到」的信念呢？當然不簡單！因為這或許是你在無意識間自然形成的信念，通常是嘗試後失敗，為了想節省時間而做出的結論。當你強烈地想做某件事卻失敗了，你通常會經過一番評估，再決定要不要繼續進行。這點尤其正確，因為你總會大概有幾個替代選項。

　　例如，黛娜想要成為成功的演員，然而，儘管她長得好看、有演戲天分，卻只拿到幾個短期的小角色。為什麼呢？主

要因為她通常不是試鏡評審尋找的類型；就算她是，同時也有數十個跟她一樣好看的人選在尋求這個角色。

黛娜也很聰明，在服裝設計方面同樣有天分。她的兩難之處在於：「我是否要繼續在演戲這條路上被拒絕，也許永遠成不了氣候？或是，我應該試試看服裝設計，比較可能有好機會？」

我第一次見她做治療的時候，她因為得不到演戲的工作而相當憂鬱。她已經下了定論：「我沒辦法得到我想要的。我當演員永遠不會成功。有什麼用？我還是放棄好了。」但是她疑惑了，因為她也覺得：「如果我放棄，就會變得很糟糕，因為在這世上我最喜歡的就是演戲了，我必須要在那個領域成功！」

我和黛娜晤談了幾個月，鼓勵她去讀我和比爾‧諾斯（Bill Knaus）合寫的書《克服拖延》（*Overcoming Procrastination*），聽一些 REBT 的錄音帶。黛娜開始駁斥她的非理性信念——「我必須當個傑出的演員，我不能那麼常被拒絕，以及我不可能成功。」一開始，她克服了前兩種自我挫敗的想法，感覺好多了。但是她堅持，由於得到穩定演出工作的機會很渺茫，所以她一定沒辦法拿到。因此她拖延去參加試鏡，並開始把所有的精力投入到成為服裝設計師上。

我堅持要讓黛娜明白，她一定可以停止從「我要拿到好的角色，相當困難」跳到「我絕對沒辦法拿到角色」的思考路

徑。我也幫助她試圖駁斥「我在演戲這條路被拒絕了，真的好糟糕，我不止感受失望，還因此嚴重憂鬱。我沒辦法承受這個痛苦，我必須要放棄當演員了！」這個非理性信念。

隨著晤談的進步，黛娜試著積極地強迫自己，去對抗那些令人沮喪的非理性信念，就算不情願，仍持續參加試鏡。她慢慢能放下憂鬱的感覺，對於「被拒絕」只是感到遺憾與失望。試鏡的人脈，讓她開始拿到一些為劇場和電影作品設計服裝的工作。這個收入來源，有效地支撐她繼續尋找適合她演出的角色，最終，她終於成為穩定發展的表演者，同時也是一位嶄露頭角的服裝設計師！

七個步驟打敗「我做不到」的信念

如果你飽受「我做不到」的信念所困擾，該如何打敗這種想法呢？以下有幾個方式：

一、如前所述，讓自己明白，你很容易就會自然而然從「我很難得到我想要的東西，我已經這樣試過，又失敗過好幾次了」跳到「我再也得不到我想要的東西了」。這裡的結論並不符合你一開始的觀察。「困難」，頂多是表示這件事很難達成，很少是代表「不可能」。

二、讓自己明白，你所抱持的信念：「我做不到這個！我永遠

沒辦法這樣做！」通常會是種自我應驗預言（self-fulfilling prophecy），促使你過早放棄，來「證明」你做不到。別跟多數人一樣，因為「成功」預測自己的失敗，而得到惡劣的滿足感！

三、要明白，許多目標的成功機率很低，例如讓你的第一部小說馬上被大出版社接受。但是，你的機會也幾乎永遠不會降到零。對，有些事你真的做不到，例如達到完美。但是你可以改變你的想法、你的感受，和你的行為。只要你認為你可以改變就行！

四、向自己證明，你以前也曾經完成困難和「不可能」的事，許多人也一樣。要了解，所有的事物早晚都會改變，連高山也不例外。你在過去已經做到了一些傑出的轉變。如果有人鄭重其事地說出「我改變不了」，這種人通常真的改變不了。很多人都有過一百八十度成功轉變的經驗。例如說商業人士成為神父或修女；神父和修女轉而從商。所以說，顯著的轉變是有可能的！

五、改變需要大量的思考和努力。你花了大量精力努力去改造自己的時候，就很有機會成功。不能保證會，但是大有機會！

六、如果你說「我會改變」，只是為了讓自己避開「實際做出改變」的艱辛行動，那你就要注意了。意志力，包括改變自己的意志力，其中好幾個重點，如同我在第五章中提到

的：你要改變的**決定**、依據這個決定行動的**決心**、獲取如何改變的**知識**，還有穩定依據這項知識去**行動**。你對自己跟別人說：「我會改變」，可能只是表達了意願，但沒有支持這項行動的力量。這也可能是逃避改變的合理化行為（rationalization）。如果你沒有在「我會改變」這句話背後加上努力，那麼，這只是個空洞的承諾而已。

七、回到改變自己的兩個主要層次：

在第一個層次，你主要藉由命令你、他人，以及這世界的狀況必須不能那麼壞，而毫無必要的先困擾自己。由於你就是下命令的人，所以你也可以讓自己不要下命令。你的先天和後天傾向，都讓你容易自己困擾自己，但是你也具有建設性的傾向，能幫助自己擺脫不開心。因此，你可以有效善用後者！

第二個層次，你經常會因為你的煩惱而困擾自己；而這一點也是你的選擇。所以，你可以選擇不要這麼做——拒絕因為煩惱而困擾自己。

在這兩個狀況中，你都最好強力地說服自己：「我可以改變，我擁有這樣做的能力和力量。當我退步時，我可以再次改進。」

如果你想讓自己更不容易受情緒困擾，最後這個說法就很重要。不管你讓自己擺脫多少次的困擾，你都有可能、有時也

真的會，又退步到自我毀滅性的思考、感受，和行為。這種狀況發生的時候，就要了解：你以前曾靠著使用 REBT，努力幫自己擺脫困擾，所以，你有很大的可能再成功一次。不僅如此，在人生未來的日子裡，你都可以一直這樣做。你可能會退步很多，但是改變自己的能力不會消失。你以前確實進步過，這件事就是很棒的證據，證明你可以再做一次。你以前成功改變過自己；這就證明了，你本來就能自我改變！

身為人，你也是習慣的動物。一旦你學會開車，或是說得一口流利的外語，通常你就擁有完成該項技能的習慣。就算一陣子不開車或不說外語，你也不太會失去做這些事的全部能力，靠著一定分量的練習，你一樣能再次恢復到原有的程度。就像那句老話說的：「一旦你學會騎腳踏車，你就永遠不會忘記。」

對於減少你的困擾來說，這點也是正確的。一旦你減少了恐慌、焦慮、暴怒、自我厭惡的感受，而且練習一段時間後，就會得到「比較不容易煩躁」的習慣。然後，你就能減少自我挫敗的感受和行為，輕而易舉。只要你知道之前是怎麼做到的，就有信心再做到一次，就像你有信心可以好好的開車、說外語一樣。

你也可以思考自己能做些什麼，來避免造成情緒上的痛苦。以及，如果又經歷到情緒痛苦時，要怎麼減輕。如此一下，你就能讓自己明顯地更不容易受困擾。你未必要用這種方

式學會預防，但是一定可以學得會。藉由本書中說明的理論，事先習得如何減少困擾發生的可能性，就能有意識地藉由特定的痛苦，來教會自己該怎麼面對、因應。

對情緒困擾提前布署

喬瑟芬娜大多藉由閱讀我的書與聽錄音資料，來學習REBT，也來晤談過幾次，確認她所學到的東西，並讓自己再發揮更大的潛力。她原先極其需要政治上的成功，來證明「她很受歡迎，所以她真的是個好人」。我第一次見到她的時候，她只喜歡自己，因為她是位重要的州參議員。她也堅持自己有好幾位好友，因為社交是她最大的樂趣之一。然而，最近幾位她真的很喜歡的朋友不再打電話給她了，而且只有喬瑟芬娜不斷督促下，她的朋友才肯見她，讓她覺得自己被排擠——幾乎像個隱士了。她在社交關係中同時具備了自我貶抑和挫折容忍力低。

從閱讀和聽REBT的資料裡，喬瑟芬娜讓自己明白，就算失去了州參議員的席次，她還是個不錯的人；好友人數沒有她想要的那麼多，她也可以承受。所以對於她極度需要受到歡迎以及親密的友誼，她其實處理得很不錯。她拋下了大半的自我貶抑，和她的憤怒——氣別人表現出他們不是她真正的朋友。

喬瑟芬娜偶爾會退步，退回到她的毀滅模式：因為在政治

上比較不受歡迎而貶低自己，或是社交生活不如她所要求的時候，會感到生氣和自憐。發生這種事時，她很快就能看到她對自己、對他人、對這世界的非理性要求，並主動駁斥這些要求，把她的感受從不健康的憂鬱，轉變成健康的遺憾和後悔。此外，她一直監控著自己，如何克服她加倍的需索無度，看著自己一再退步，再強力使用 REBT 的駁斥，來減輕她困擾的感受。她了解到，她困擾自己的方式，以及她使用 REBT 步驟來讓自己再次擺脫困擾的方法，兩者遵循的是類似的模式，每當她遇到困擾，她幾乎是下意識地自動採取這兩種做法。

於是，她決定再前進一點點。每當她退步，又出現要在政治上受歡迎、對親密友誼的極端需求，還有得不到這兩者而隨之而來的憂鬱感受時，她就會回顧之前的 REBT 自助表格，還有她以前的錄音帶，裡面錄下了她對非理性信念的強力駁斥。她發現，只需要稍稍修改、略做補充就好。所以她就播放了之前的錄音帶，她在裡面激烈駁斥她的非理性信念：「我在選戰中表現太差，我根本沒辦法滿意我自己」還有她強而有力的用這段話結束錄音：「廢話！胡說！瞎扯！不管我有多麼不受歡迎，我永遠都能接納我自己！我做得到！我毫無疑問做得到！」這樣讓她擺脫了憂鬱，並且更少受到憂鬱的影響。

後來喬瑟芬娜發明了專屬於她的預防做法。每當她發現，自己在政治上或社交上的人氣降低的時候，就會提前讓自己意識到，接下來她很容易因此讓自己陷入憂鬱。所以她使用了

REBT 的自助表格，寫出她的非理性信念，如果她讓自己憂鬱，就非常可能會使這些非理性信念故態復萌，所以她要在**真的變得憂鬱之前**，就先檢視這些信念。她發現，這樣做的時候，首先，她比較少再為了那些阻礙她的「絕境」而憂鬱。其次，由於她困擾變少了，所以就有能力考量她所在這個情境的實際層面，做出比較理智的行動，以獲取政治的成功以及人際關係的親密。然而，就算她無法解決這些實際的問題，她也發現自己比較不容易憂鬱和自我貶抑了。

喬瑟芬娜想出了方法，預防自己又掉回情緒困擾的感受，效果很好。我以她為榜樣，後來也用在幾個其他的案主上。我讓他們去尋找喬瑟芬娜靠自己刻意實踐所發現的：你的困擾形成，以及成功擺脫困擾，真的都是自己的傑作，而且明顯會繼續如此。然後，我會幫助他們了解，他們有能力事先預測到，自己有時候會再度困擾自己，而他們可以運用之前用過的同一種方法，來擺脫困擾。注意到這點，就能在情緒問題變得嚴重之前，先找出來，並努力預防。

如果你下定了決心，要努力減少不健康的情緒反應，那你也能做得到。首先，你要在真的感受到困擾的時候，就努力去減少這些情緒反應。其次，就像喬瑟芬娜一樣，你也要事先檢視你「自己煩惱自己」與「成功擺脫煩惱」的模式。接著，你要努力預防自己陷入困擾的狀況，或是在情勢還沒太嚴重之前，就防範於未然。你當然沒辦法根除所有的情緒問題。就算

你真的預防了一些，或許又會再退步。但如果依照前兩段所寫的話一直努力，你就可以有意識地讓自己比較不容易陷入困擾、產生情緒問題。

保持開放的平衡心態

有時候極端很好。如果你因為一段感情或是單身的狀態，而感到相當快樂，那也許不錯，對你來說啦。如果你非常投入某項活動、某種職業、某門生意、某個嗜好，或是某個目標，那對你可能也很好。就算你格外的謹慎而壓抑，只要你真的不在乎自己受到束縛，那你還是可能會很滿足。

所以，並非所有極端的觀點和行動都不好、或導致自我挫敗。但是有許多行為與觀點如此。嚴重的悲傷、悔恨以及不滿可能會干擾你的生活，就算是你遭遇到重大的失落之後，這些感受也可能是健康而適當的。但是極端的焦慮、憂鬱、自我厭惡、憤怒和自憐，很少對你有幫助，常常只會讓你面對麻煩的問題時處理得不夠好，甚至失去力量、無精打彩。

再說一次，許多失衡的行為會令你的樂趣變少。如果你只有工作、工作、工作，你就會錯過其他活動的滿足，例如最常見的親密關係。如果你強迫自己努力去交往、交往、交往，你則可能得不到工作上的滿足、金錢和名聲。因為你的時間、精力和天分有限，極度投入某件事情、某個目標，都會限制你失

去其他事情的樂趣。

諷刺的是，極端執著於樂觀也是一樣的。就如正向心理學家馬丁‧塞利格曼和其他心理學家所指出的，悲觀有其真正的危險，可能會導致憂鬱、絕望、失去活力。從另一方面來說，就如社會心理學家雪莉‧泰勒（Shelly Taylor）和她的同事所指出的，樂天派或過度樂觀可能導致脫離現實，讓某些人以為「不這麼樂觀，就受不了嚴酷的現實」。樂天派認為所有發生的事都會有最好的結果，最後常常落得幻滅和震驚。很明顯的，因為發生的一切並不會都有最好的結果；每段生命中都常見無數的風雨飄搖。我們不想要這樣，但無疑地，就是會發生。

樂天派，或是不切實際的樂觀，常常會阻止務實的關切和謹慎。你失業的時候，如果你「確定」很快就會有美好的工作到來，那你還會採取什麼務實的行動來找工作？如果你「肯定」你的伴侶會非常愛你，只因為你是你，不管你怎麼對待對方都一樣愛你——嗯，看法不切實際，只能祝你好運了！

就像亞里斯多德在兩千多年前所指出的，兩個極端之間通常有個中庸之道。如果你採用了，就不太會讓你惹上嚴重的麻煩。思考一下羅伯特‧舒瓦茲（Robert Schwartz）和其他心理學家的發現，如果人們的正面或樂觀思想比例較多（大約65%）、負面或悲觀思想比例較少（大約 35%），人們的生活比較平衡，也因此困擾較少。

這也是 REBT 的觀點。**實事求是**（Realism），就是在極端悲觀與極端樂觀之間，很棒的亞里斯多德式中庸之道。實事求是，就是完全承認生活中討厭的層面，視其為「壞的」或「討厭的」，激勵自己努力去改變。你無法改善或逃避的時候，會感到挫敗、可惜或失望，這些雖然不是很棒的感受，但還是健康的。

REBT 教你，面對逆境不要**過度反應**，過喜或過悲兩個方向都不要。你不要樂觀地予以忽視、否認，也不要堅持這些逆境其實很棒，更不要因此興高采烈。但是，你也不要把逆境誇大、災難化或糟糕化，而讓自己掉進恐慌、憂鬱或絕望之中。因為你保持著務實與關切的態度，所以你不會把逆境最小化或是最大化。你會讓自己更不受逆境困擾，處理起來更有效率。這就是中庸與平衡主要的目標之一：在生活中製造更少的「恐懼」，更成功、更不帶焦慮地處理這些必然發生的困難。

中庸與平衡，也能創造更完整、更全面的觀點來檢視經驗，從而增加你的選擇。如果你將「與人和睦相處」視為你最好的目標，為這個目標努力很可能會豐富你的人生。如果你將之視為獨一無二的目標，你就會忽視這件事的束縛、挫折和限制。你也會忽視獨處和自給自足的優點。平衡的觀點，鼓勵你去多看看事情的兩面或各個面向：共處和孤獨、工作和玩樂、藝術和科學。這樣的思維能讓你探索新的視野、走前人未經之路，讓你比較不會偏執而僵化。

要記得，REBT 認為，困擾大多是源自僵化、武斷、用必須來自我要求。中庸和平衡，則與這種非黑即白的思考相反，加入了許多灰色，還有更明亮的色彩！REBT 是後現代的，因為這種治療法不接受對「現實」（reality）抱持著終極、不容置疑、絕對性的觀點，反而認為現實是一種不斷改變、一再被重新詮釋的過程。REBT 支持相對主義（relativism）、主體性（subjectivity），以及對人類和宇宙暫時性的結論。但是要加上一些「事實」！

　　在極端之間求平衡的觀念，可能不完全是你的風格。你可能習慣比較保守、正統的生命觀，這樣的看法對你可能很有用。但想想另一面：這種看法的束縛和限制。試著開放心胸，去看到絕對主義（absolutism）和極端的後現代主義兩者的缺點。對，這兩者！你有必要把自己困在嚴格而沒有彈性的限制或是毫無架構的相對主義嗎？還是你可以健康地思考一些灰色地帶？

實事求是的理性面對

　　這世界上或許有真正的魔法。或許你可以快速而輕易的運用某種宇宙意識、某種更高等的力量、某種終極的奧祕、某種神祕的直覺，或是超個人的意義，讓你完全免去所有的煩惱苦痛，給你完全自我實現、極樂的人生。

或許吧。但如果我是你，我就不會依靠這種東西。不管你相信的是魔法、薩滿（shamanism）、前世治療、更高的意識、神祕主義、神祕教派，還是任何其他形式的奇蹟療法，都別讓這些干擾到你自己幫助自己的努力。

你很可能沒有、也找不到任何神奇的解決之道，來解決你的情緒和行為問題。你也不需要。要得到頓悟通常很容易。但改變會非常困難！你越是追求魔法，就越不會去做你可以做的事──絞盡腦汁去改變！所以，你想相信擁有完美解決之道的神奇幫手或奇蹟大師存在，那就去信吧。但是要努力實踐那句老話：「天助自助者！」

如我之前所說，就算是錯誤的信念，有時也可能幫助你。相信上帝會回應你所有的禱告，或是相信死了幾百年的聖人或大師給你的靈性啟示，都可能會讓你驅策自己，因而改善你的生活。或許啦！

然而，要減少自己的困擾，需要艱苦而持續的努力去自我改變，而相信神奇的「解決之道」，通常會破壞你所投入的努力。相信「我可以減少煩惱」的信念，以及用來支持這個信念的努力，通常還要再加上這個觀點：「真的能做到的是我，而不是某種神祕的力量或能量。」而相信魔法，將令你很難隨時做好準備，更不會讓你的意志力堅強！

接受逆境中的挑戰

　　許多壞事也可能帶來意想不到的好機會。困難的問題，努力去解決的話也許會很有趣。失去一段感情，能為你帶來機會去尋找不同的對象，有時也許是更令你滿意的親密關係。被公司開除，也可能會鼓勵你精進技術、尋找更好的工作，或是為新工作作準備。

　　如果理性的去看，那幾乎所有的困難都會帶給你挑戰，讓你感受到健康的負面情緒，例如遺憾、後悔、挫折和煩惱，這些都可以幫助你去面對、處理、改變逆境。困難為你帶來挑戰，去拒絕經歷不健康的自我毀滅感受，例如恐慌、憂鬱、憤怒、自我厭惡與自憐。

　　逆境不盡然都很棒，但是可以提供真正的好處——如果你正確看待的話！在你的待辦事項中，除了變得更好、保持得更好、最後做到情緒自動健康之外，還可以再加上這一點。

　　我們從第五章所說的意志力，來看這個很有趣的問題。你要如何得到意志力，根除為你帶來困擾的想法、感受和行為，而且盡量預防再次發生呢？

　　並不容易！這是真正的挑戰，而且要用上相當大的意志與力量才能達成。我們來回顧一下對意志力的討論。你可以運用這些步驟，來接受逆境的挑戰，努力讓自己更不受困擾：

一、**做出決定**，要很努力獲得優雅的解決之道，解決自己的情緒問題。讓你自己現在的困擾大幅減少，而且未來明顯不會受到困擾。**接受**你無法改變的逆境，**選擇**不讓自己輕易受逆境影響。

二、**下定決心**依據你的決定來努力行動，讓自己的困擾減少，而且更不會受到困擾。

三、**獲取知識**，知道什麼該做、什麼不該做，才能實現你的意志與決定。仔細研究本書中的方法，還有其他文章、資料、演講、課程、工作坊、密集課程，（或許）還要參加個別和團體心理治療。沒錯，就是要研究。

四、依照你的決心和知識**開始行動**。努力去發現、駁斥，和改變自己的非理性信念（IB's），採用對自己有幫助的理性信念（RB's）和有效的新哲學觀（E's）來取代。努力把對逆境（A）不健康的負面感受，例如嚴重的焦慮、憂鬱和憤怒，**轉變成**健康的負面感受，例如遺憾、後悔和挫折。努力修正自我挫敗的行為結果（C），例如強迫行為和恐懼，將其轉變成有助益的行為結果，例如不再有強迫行為和恐懼，而出現有彈性的、具好奇心、喜歡冒險的改變。

五、**穩定而持續的決定**，要改變你受困擾的想法、感受和行動，下定決心要改變、獲取知識了解可以怎麼改變，以及行動、行動、行動，來讓自己確實做到改變。

六、有可能會發生這樣的事：如果你退步，回到你受困擾的想法、感受和行為的話，就再次決定要把自己的困擾減到最少，複習你的知識，了解如何改變你的作法，讓自己下定決心依據知識來行動，強迫自己執行你的決定，並堅守決心。無論你覺得這種想法和行動有多困難嗎？是的。

七、努力達成三個相關的目標：①減少自己此刻的困擾。②讓自己持續減少自我挫敗、破壞社交的傾向。③堅持而堅定地努力達成這兩個目標，帶著希望地努力接受這迷人的挑戰，幫助自己減少大半的煩惱（但不可能完全沒困擾！）。

靠著這樣的意志，你就很可能會成功，只要你為自己的意志付出決心和行動，這就是力量。

Chapter 9

轉念的力量：
讓自己減少困擾的思考方法

你把人生的不幸看得太過嚴重，因而製造了更多不必要的破壞，而這些不必要的破壞是你本來不必碰到的。

　　我已經說明過了 REBT 方法，你可以用來減少困擾，而且明顯地更不容易陷入煩惱。接下來四章，我會說明一些其他的思考、感受和行為導向的技術。每當你發生不幸的逆境（A's），你尤其可以使用這些技術讓自己擺脫情緒困擾（就算是你自己讓這些事發生，也一樣！）。

　　我即將說明的方法，是有效治療的基本要素，常用在 REBT 和其他幾種很受歡迎的方法中。而且這些方法有許多臨床和實驗證據支持。我個人使用這些方法已經快半個世紀了，通常效果都很好。然而，**這些方法不是在任何時候、對任何人**

都有好處。偶爾，某些方法也可能在某些時刻有害處。所以，矛盾的是——運用方法的時候要帶著熱情，再加上一點謹慎。

接下來四章中這些自我治療的方法，真的能幫助你嗎？很可能會。這些方法會讓你明顯更不受困擾嗎？有時候。尤其如果你盡力而堅持使用。然而，我也會指出這些方法的一些限制，希望可以鼓勵你，嘗試更多我在本書中提倡的優雅步驟。

再說一次！有效的治療通常很複雜。對你有用的東西，對你的兄弟姐妹可能沒用。今天有用的，明天可能再也沒有效果了。在本書，你會找到一整套 REBT 方法吃到飽自助吧，全是經過試驗且有效的——但只有在某些時候，對某些人而言。在這一章與第十章中，我會呈現一些有用的思考與認知技巧，在第十一章則是情緒與聯想技巧，還有第十二章的行為方法。好好思考這些方法，拿來實驗，用你最有興趣的主題來測試：就是你自己！

就像我早就提過的，REBT 是第一種主要的認知行為與多重模式治療法。REBT 從一開始就指出，你的想法、你的感受、和你的行為，彼此間都息息相關：你想到你認為重要的事物時，就會有情緒和行為。你覺得生氣、悲傷或高興，就會有想法或行動。付諸行動時，就會有想法和感受。雖然這三者不盡相同，而且我們常常說得好像這三者是各自獨立存在似的，但其實這三者會共同出現，彼此影響，

你的感受和行為有困擾的時候，你也會對煩惱產生想法、

感受和行為。你觀察到了這點，於是思考著：「我現在有不愉快的感覺。我該怎麼做？」因此表現了情緒：「我覺得悲傷、憂鬱，工作沒有做到我能做的程度。」你則依此行動：「既然我覺得這麼憂鬱，那我要去接受治療，或是吃點藥。」

　　因此 REBT 說，你在自我挫敗的時候，最好審視你的思考、感受和行為，然後用一些認知、情緒和行為上的方法，來克服或減輕你的問題。

　　在本章和下一章裡，我會告訴你一些主要的認知或思考技巧，當你觀察到自己在工作、愛情和玩樂上，沒有表現到應有的程度時，就可以運用。這些技巧每一種都可以幫你減輕困擾，讓你的人生過得更愉快。如果妥善使用其中幾種，通常會帶給你更大的幫助，因為其中有些有共同之處，能彼此增強。

　　我們先來看 REBT 常用的認知技巧，有些其他的治療師也會用這些方法，多年來效果良好，有些歷時超過數個世紀。

找出自我挫敗和非理性信念

　　如我在本書前四章中所說，你現在也可以複習一下：有困擾的時候，很有可能，你是有意識或無意識的想到一些非理性或自我毀滅的信念（在 B 點）。你把一些正常的渴望、目標或偏好，變成專制的應該、應當和必須。你和其他人類常會編造出三種主要的必須，包括以下：首先是，**自我的必須**（egomusts）：「我必須要表現很好，讓我做的事受到肯定，不然我就沒有價值！」其次，**關係的必須**（relationship musts）：「別人完全應該、而且必須對我行為體貼、友好、公平，不然他們就很不好！」第三，**環境的必須**（environmental musts）：「我所處的情境，應當一直都是我想要的樣子，不然人生就很爛，這世界就很糟糕，而且我受不了！」

那假設你有一種、兩種或三種這般如神諭般的命令，而且承認你對成功、良好的感情和富足的要求，不只是你的偏好，沒有達成的時候會讓你困擾。那就面對吧：**大多時候是你在困擾自己**。事情通常已經夠壞了，造成了真正的損失和麻煩。但是你——對，就是你——把人生的不幸看得太過嚴重，因而製造了更多不必要的破壞，而這些不必要的破壞是你本來不必碰到的。你不是因為愚笨或懶惰才這麼做，但是你覺得備受困擾的時候，你很可能就會出現愚蠢而懶惰的想法、感受和行為。

駁斥你的自我挫敗和非理性信念

就像我在本書開頭前四章裡提到的，由於你那不切實際、用必須來自我要求的信念，大多是你自己選擇採用或自行創造的，因此你也可以改變，這很幸運。關於非理性信念，你很容易、很自然地就會去相信，別人則會鼓勵你相信它們。你在許多場合都已經「妥善」練習過如何相信、並依據這些非理性信

念來行動。如果這些非理性的信念仍在影響你，那就是你到現在還對其深信不已。但你也有能力不去相信。你生來就是會自我傷害，但你生來也會有幫助自己的積極傾向。所以你可以使用問題解決能力去除毀滅性的傾向。如果你「選擇」這樣做！如果你「努力」這樣做。

因此：要複習我在第二、三、四章說明的方法，合乎現實的、合乎邏輯的、務實的駁斥你心中「自我挫敗的必須」。

- **合乎現實的駁斥：**「有什麼證據表示，我這個重要的案子必須要一直成功？失敗會如何讓我變成徹底沒有價值的人？」
- **合乎邏輯的駁斥：**「就因為我一直對他／她很好、很公平，為什麼他／她現在就必須對我一樣好呢？」
- **務實或實際的駁斥：**「如果我相信，每個我在乎的人，我都必須贏得他們的愛與讚許的話，這信念會讓我變成怎樣？」

持續找出你的必須和要求，並且積極而強烈的加以駁斥，直到你堅定的明白這些信念從來不是真的站得住腳。一旦你把絕大部分的偏好變成自大的必須，你就會創造出衍生的非理性信念（IB's），增加你的苦難，例如：糟糕化、我受不了了、譴責自己與他人，還有過度類化。你通常可以輕鬆快速的找到這些衍生的非理性信念，積極的予以駁斥，一次又一次。例如：

駁斥糟糕化：「如果重要的案子失敗了，那真的不好，但這樣真的是糟糕或可怕嗎？是百分之百的壞嗎？有超過壞的程度嗎？比實際情況還壞嗎？」

駁斥我受不了了：「我真的受不了失去○○人的愛嗎？這種失落會殺死我嗎？失去了，是否真的代表我無法快樂了，是現在還是永遠？」

駁斥譴責自己和他人：「我對朋友說謊，行為惡劣，這行為會讓我變成徹底的爛人、惡人嗎？如果我的行為錯了，這樣會讓我變成無藥可救、完全為惡的人嗎？如果我行為惡劣，我的餘生是否不值得得到絲毫的快樂？」、「如果我犯了錯，這樣會讓我這個人成為錯誤，還是輸家？」

駁斥過度類化：「因為這個重要的考試我的成績非常差，那是否證明，往後我參加的任何考試都一定會失敗？」、「雖然這個案子我已經拖延了很久，但這是否證明，我永遠都不會去做了，而且永遠不會快速完成我接手的任何其他案子？」

駁斥合理化：「假設我被某人拒絕了，而我宣稱我根本不在乎。假裝這件事無關緊要，能讓我的生活過得好嗎？」

如果你堅定而堅持，逐一找出製造你情緒困擾的哲學觀，並主動予以駁斥，你未來的人生也不會完全不受困擾、不會永無止盡的快樂。但是你會比以前過得好上很多很多！

建構理性的自我暗示

理性因應的自我陳述，有時稱作正向思考，是數千年前發明的，在聖經的〈箴言〉裡，還有孔子的《論語》、愛比克泰德的《手冊》（*The Manual*），以及一些其他的古代著作裡都可以讀到。在現代，正向思考尤其受到埃米爾・庫埃（Émile Coué）的提倡，他是自我暗示（autosuggestion）的創始人，他很清楚，如果你對自己講正向的句子，尤其是他的名言：「每一天、每一日，我在各方面都會越來越好！」你就更常能幫助自己克服痛苦，表現更有效率。近年來一直有人推廣正向思考，有些人會歸功於古代哲學家和庫埃，有些沒有，這些人有積極思想之父皮爾（Norman Vincent Peale）、拿破崙・希爾（Napoleon Hill）、戴爾・卡內基（Dale Carnegie）、麥斯威爾・馬爾茲（Maxwell Maltz），還有其他一大群自助書籍的作家。

正向思考有用嗎？毫無疑問——有時候有。大家都想過一些口號，有時候有助於治療自己的各種毛病。如果你能好好地選擇一些正向的自我陳述，你當然也可以這麼做。

可是要小心！埃米爾・庫埃曾是 1920 年代全世界最受歡迎的治療師，他的正向自我暗示常常過分樂觀、不切實際，因而停業。有誰真的每一天、每一日在各方面都越來越好呢？不多吧！誰能像拿破崙・希爾敦促你去做的那樣，光用想的就真

的致富呢？幾乎沒有吧！

　　此外，如果你認真用奇特的正向思考來逼迫自己，將極其容易加速你的幻滅，然後放棄所有自助的方法。我有位五十歲的案主希德尼，幾乎讀過所有皮爾的著作，參加過許多場他在紐約大理石學院教堂（Marble Collegiate Church）的講道，希德尼還拉上許多朋友跟著他一起全然相信，上帝和皮爾牧師可以治療他們所有的毛病。這些朋友中，有些人雖然有強烈的正向思考，最後卻還是進了精神病院，而希德尼則必須求助於大量的鎮靜劑，才能讓自己正常生活。這時他對所有心理治療的幻想都破滅了，還建議他的親戚朋友不該接受心理治療。但在紐約艾里斯學院，我定期舉辦的週五夜工作坊中，他看過我和自願者工作之後，了解到大家可以駁斥非理性信念，想出自己有效因應的自我陳述，希德尼就放下了他對心理治療的抗拒，親自參加了幾次REBT晤談，他一直依賴的大量藥物也隨之減少了。

　　REBT創造理性因應的自我陳述的方法，跟其他正向思考的方法不同，因為這種方法一開始先駁斥（D）你的一些非理性信念（IB's）、想出有效的新哲學觀（E's），再使用你的新想法，作為構思你在因應自我陳述的基礎。例如，假設在A點逆境，你的工作表現得到的考績很差，而不是你以為會拿到的好評。你可能會這樣思考、感受和行動：

- **A.**（逆境）：收到很差的考績。
- **RB（理性信念）**：「我很討厭拿到這種考績。好煩！我最好做點什麼，下次拿個比較好的考績。」
- **C（健康的負面結果）**：覺得遺憾和失望。
- **IB（非理性信念）**：「我絕對不能拿到這種考績。太恐怖了！我表現這麼壞，真是個差勁的員工，是個爛人！」
- **C（不健康的結果）**：覺得焦慮和憂鬱。
- **D（駁斥）**：「我為什麼一定不能拿到這種很差的考績？拿到真的那麼恐怖嗎？這樣怎麼會讓我變成真的很差勁的員工加爛人？」
- **E（有效的新哲學觀）**：「很明顯的，雖然最好不要這樣，但沒有什麼理由，讓我絕對不能拿到這麼差的考績。我拿到這個成績真的非常不幸，但並不是糟糕或恐怖。只是非常麻煩！我真的不是個很差勁的員工，因為我在工作上經常表現良好。就算我不能勝任工作，我也絕對不會是個爛人，只是個在這領域不能勝任的人，我可以改變，讓我自己更加勝任。」

　　如果你用這種方式來想事情，而且真的做到了有效的新哲學觀，那你就可以重新措辭，從中想出幾條理性因應的自我陳述。例如：

一、「工作上拿到的考績很差，這完全可以理解，但是沒有什麼理由，讓我絕對不可以拿到。」

二、「我的生活中存在很多麻煩事，例如工作上拿到差勁的考績，但這些都不是恐怖或糟糕的事。」

三、「我有一段時間表現很差，不會讓我變成差勁而不稱職的員工。」

四、「拿到較差的考績不會讓我變成爛人。表現差的人不是壞人，他們只是表現得不如預期程度。」

五、「我不喜歡拿到差勁的考績，但是我可以承受，而且生活還是能過得算愉快。就算被開除了，我的人生也不用變得全然的悲慘。」

　　如果你看看這些自我陳述，你就會了解，這些陳述來自於你對非理性信念的駁斥。你有效的新哲學觀和你理性的因應陳述不是任意決定的，不是取自他人，也不會不切實際、過度樂觀。這些陳述合乎現實和邏輯，而且很可能對你有幫助。這些陳述把你的非理性信念變得理性，而不是予以掩飾、隱瞞起來，逃避處理。如果你夠聰明，就不會只是盲目複述這些因應的陳述，最後淪於隨意對待。你更會去思考，持續向自己證明：這些理性的自我陳述正確而有助益，從而增強你對這些理性陳述的信念。

　　你也會注意到，上面列出的這些理性因應的自我陳述，合

乎哲學性也合乎現實。所以,第一、三、四條陳述合乎現實或經驗,因為裡面陳述了生活現況的一些事實。第二和第五條陳述也合乎現實,但稍微更進一步,還包含了哲學觀,有可能幫助你活得快樂,而不是悲慘。

然而,你創造的其他因應陳述,有時可能合乎現實,卻沒有哲學觀的改變,例如:

一、「我拿到這個差勁的考績時,我以為我在這種工作上壞到沒救了,永遠不可能進步,但是現在想一想,我很確定,未來我可以表現得更好。」

二、「上司給我工作考績差的時候,我以為她對我有偏見,但是現在我了解,她可能不是這麼想的。也許我的表現真的沒有我以為的好。如果我鞭策自己改變工作方式,很可能表現會好得多。」

這些合乎現實的自我陳述可能很正確、有幫助,但也可能會掩蓋掉兩種主要的自我挫敗哲學觀。如果你告訴自己,未來的工作表現可以更好,那你還是沒有面對與改變你的非理性想法。例如:「如果我表現再也不會更好,那無疑我就是個劣等、不夠格的人!」

如果你告訴自己,上司對你有偏見,但是你表現得其實比她以為得更好,所以你應該得到更好的考績,那麼,你對上述

發生的事可能會暫時感覺不錯。但是你仍會想幾個可能，首先，如果你的上司對你沒有偏見，而你真的表現很差、能力欠佳的話呢？其次，你可能會認定，如果她有偏見，她是個很爛的考評者，所以完全不是好人。在這些狀況中，你的因應陳述再次暫時有效，幫助你此刻的感受比較好，但並沒有改變你潛在的哲學觀：「自己表現不好的時候就譴責自己，別人沒有善待你的時候就詛咒他們。」

再說一次，不要重蹈覆轍，像庫埃的例子裡那一大群的追隨者一樣相信「每一天、每一日，我在各方面都會越來越好」。要小心，別創造出這樣過分樂觀的自我陳述，例如以下：

- 「對，我猜工作考績顯示，我這次表現滿差的。但我只是沒發揮我擁有的偉大能力，下次就可以大展身手了。我很確定，我是這家公司歷來最好的員工，以後也一定會是！」
- 「我猜，我的差勁考績證明了我太過自信，表現得並沒有自以為的那麼好。但我明顯比我這部門裡的任何人都更有能力，可以表現良好，我很確定下次我會讓上司看到我有多優秀！」
- 「對，我這次表現差。但那是因為，我做這種工作根本是大材小用。我的工作應該要複雜得多，像是成本分析，甚至大腦手術。現在這個工作，去他的！我要去念研究所，去當有

史以來最棒的成本分析師或是腦外科醫師。我會讓他們明白我究竟可以做到什麼！」

這些不切實際、浮誇、過度樂觀的觀點，可能會幫助你感覺好一點，克服你的憂鬱，或許讓你得到比現在更好的成就。然而，這樣的自我陳述卻會掩蓋潛在的非理性哲學觀，這種哲學觀要求「你必須要表現好、證明你是多棒的人，比別人得到更多讚許，在人生中輕鬆得到你要的東西」。所以你要駁斥（D）非理性信念，想出有效的新哲學觀（E's），把哲學觀變成理性因應的陳述，但是要檢查這些陳述，看看可能會給你帶來多少好處，還有多少傷害。有些因應陳述，像是「我可以做得更好。我確定我可以！」很樂觀，某些時候有效，但也可能存在很多缺陷和風險。

正向想像技巧的利弊

有幾位古代思想家清楚了解到、現代則有庫埃在提倡：如果你使用正向的想像（visualization）技巧，就能幫助自己表現得更好，也對自己的表現感受更好。心理學的實驗也已經支持這個理論。如果有人「想像」自己網球打得很好，或是公開演說得很精彩，那想像練習對他們的幫助，跟實際練習完成這些動作，兩者效果常常幾乎差不多。你可以自己試試看。

例如，如果你害怕求職面談時表現差，就想像你在參加一場困難的面談，問題都答得很好，讓面談官印象深刻，得到非常好的回應。如果你生動而反覆的想像自己表現良好，就會發展出自我效能感（sense of self-efficacy）：我可以掌控這個狀況。而不是反覆憂思：「我真的做不好。我不擅長應徵面談。」（讓你覺得自己不夠格的那些想法）。你會開始對自己說：「這很難，但是我做得到。我想，需要的能力我都有！」你就會得到 REBT 說的「成就信心」（achievement confidence）。就像心理學家亞伯特・班度拉（Albert Bandura）和他的學生在許多實驗中證明的，有了這樣的信心，你就更有可能在艱難的任務中表現良好，勝過你缺乏信心或是抱持自我懷疑的哲學觀時的表現。

　　在大腦內練習某項活動，像是求職面談、演講、高爾夫揮桿，有時相當接近在現實生活中的實際練習。例如用想像來練習演講，可能會讓你對演講很有概念，讓你創造出一些機智的話，也可能幫你構思出原來想不到的論點。

　　正向心像不利的一面，在於可能會阻止你去改變對失敗的恐懼，有時其實還會予以增強。舉例而言，假設你對於在社交場合跟某人見面，讓你感到焦慮。你的焦慮幾乎是來自非理性信念，類似這樣：「這次見面，我必須要表現得很棒。我就是必須讓這個人印象深刻，讓她覺得我是她所見過最棒的社交達人。如果我一敗塗地，她認定我是個怪人，那就太可怕了。要

是這樣我寧可死掉！」

　　你下了這麼大決心，要令這個人印象深刻，所以一直想像自己對她說話的情境——你有聰明的想法，提出機智的說法，讓她明顯印象深刻。你甚至會想像，見過她之後，無意中聽到她向別人讚美你有多聰明、多棒。所有這種正向想像都讓你感覺很棒，因為這會加強你的想法：「你知道的，我在社交上真的能表現很好。我很確定我真的可以。所以，我會樂於接受加入這種社交關係的機會，盡力在其中獲得成功。」

　　不錯啊。這樣的思考，你可能真的會走向社交關係，也許開始表現得很好。然而，你深層的內心還是在（而且常會表現出）焦慮。你是在參加社交活動，沒錯，但是你相信的哲學觀可能還是跟過去一樣——你必須表現良好，如果沒有表現好，就會很可怕。如果你被當成「社交蠢蛋」，你會想死。事實上，你那表現良好的自我心像——提出聰明的說法、讓你想感動的人印象深刻——可能會加倍增強你想表現良好、獲得對方讚許的極端需求。

　　此外，就算你正向的想像對社交有幫助，卻幾乎不會讓你停止去想：「嗯，我現在社交很好，這很棒。但假如我以後失敗了呢？假如我沒有什麼好東西可說，突然說不出話來了呢？假如跟我談話的人現在覺得我不錯，但後來發現我其實是廢物呢？假如她那時發現了，我其實有多愚蠢，而開始鄙視我呢？這樣真的會很糟糕！我想要挖個地洞鑽進去，再也無法在公開

場合露臉了！」

所以，就算是正向的心像，也只能給你暫時的鼓舞，這種勝利幾乎是得不償失，這不會改變你原本的非理性想法，你仍然跟過去一樣焦慮。因為這可能會掩蓋你的自我貶抑之基本哲學觀，而不是真正獲得改善。

所以，如果你願意，就使用正向的想像與思考。但是要記得，這可能會造成否認，而不是解決問題。要找出來加以駁斥的東西，是你對成功和贏得別人讚許潛在的「要求和必須」。找出那些你或許還抱持在心中的要求，積極駁斥，然後放下。如此一來，你的正向思考和想像才可能真正有效——而不是在日後對你造成傷害！

使用參照比較或成本效益分析

參照比較（referenting）是 REBT 的術語，是指同時提出某個行為的優點和缺點。如果只採取片面的觀點，反而會助長你沉迷該行為，並造成傷害。因此，你會一直做出違背自己最佳利益的行為，尤其你「明知」某個行為是在自我挫敗，卻還一直沉迷其中，你可能就只有專注在這行為的好處或有用的層面，同時忽略了有害的部分。你可能一直告訴自己：「這太難改變了！」或是「我沒辦法改！」

舉例來說，假設你「明知」喝酒、抽菸或賭博對你「不

好」，你一直承諾自己要戒掉，但是並沒有，你仍然一直沉迷其中。你的行為方式為什麼一直這麼愚蠢、自我毀滅呢？因為有時候，你在沉迷這種有害行為的時候，是主動專注在立即的滿足（immediate gratification）之上，你可能會忽視最後將受到的傷害。換句話說，你會專心盯著好處，也就是喝酒、抽菸或賭博的樂趣，而拒絕去想壞處，例如，對健康的危害、使人遠離你、還有其他成癮的危險。

如果是這樣的話，你最好開始用參照比較或成本效益分析，來平衡你的觀點。要專注，並聯想到你的沉迷行為真正的壞處。坐下來，花點時間，例如一至兩週，列張清單，寫出沉迷行為明顯的傷害。盡可能寫下持續這種行為會有多少壞處。

例如，如果你有強迫性賭博的行為，就列出這樣做最主要的傷害：賭博時常常輸掉的大把金錢、與家人朋友還有不賭博的同事漸漸疏遠。以及其他諸多明顯的壞處。

寫下這些壞處，然後每天至少花十分鐘，思考一下賭博有害的結果。用心專注在壞處上，不要愚蠢的分了心。花點時間，也許每一天三到五分鐘，來提醒自己有這些代價。仔細察看，一次又一次，直到你記住，好好牢記。

同時，要一直提醒自己不賭博的好處：省下來的時間和金錢、可能更長的壽命、證明你能夠做到良好的紀律，家人朋友的快樂和益處、成為孩子的好榜樣……

再花點時間列一張好處清單，寫出戒掉你不要的習慣將有

什麼好處、保持紀律有什麼痛苦。主動去思考這兩份清單上的條目，不要只有盲目複誦，簡單敷衍過去。最好要想到真實的案例，想到你認識的人如何受到清單上的壞處之苦。跟別人討論這些壞處。持續為清單添加更多內容，那些你一開始沒有想到的壞處，以及強迫自己複習成癮行為的危害。好好地看看，你是如何說服自己忽視或否定你的習慣。駁斥任何會助長你持續成癮行為的非理性信念。請搭配第十二章中敘述的一些行為方法。

羅伯特有強迫性賭博行為。不，他不是沉迷於在大西洋城（Atlantic City）的賭場賭個不停，而是偶爾利用週末休假一次輸個幾千美元，一年好幾次，而這超出他的經濟負擔範圍了。就算他贏到一千美元以上，他卻老是說服自己，運氣和技巧都站在他這邊，他馬上要發大財了，而總是搞砸了自己的機會。他滿懷賺大錢的希望，太過興奮，導致他反而無法有條理的思考，原來打二十一點和撲克牌的技術幾乎全不見了。

因此，羅伯特主動駁斥他的非理性信念，試著遠離大西洋城。他常常成功，但是他也偶爾會重拾那些非理性信念：「我當審計員的生活太過沉悶，所以我需要一些刺激。就算有時候，一個週末就輸掉一大筆錢，可是我也沒什麼昂貴的嗜好，像蒐集古董之類的，所以花錢賭博這件事我還是有優勢。此外，我的家人也沒有因為我賭博輸錢，受到太多苦。」

羅伯特一開始拒絕用參照比較，因為他覺得這樣做，會讓

他失去他「真的很需要」的樂趣，他的人生就是要這樣過，才值得活下去。他做了一點參照比較，卻刻意漏掉要列出賭博一些主要的危害；即使他列出了賭博行為的主要壞處清單，也只是偶爾隨便看一眼。最後他才同意，除非他為賭博的壞處慎重地列一張清單，不然就要處罰自己不准去大西洋城。羅伯特對於他列出來的賭博損失，無動於衷，除了一條：他賭博輸很多錢的時候，太太就會生他的氣，之後好幾週都拒絕性行為。在他做了參照比較之後，終於讓自己看清這個重大的壞處了。

令他訝異的是，他發現他真正那麼在意的不是性行為，因為他已經五十多歲了，很難還像三十五歲結婚時欲望那麼強。但他知道，太太因為他賭博而非常生氣時，只會用嚴厲的口氣對他說話，完全不給他平常會有的深情；又知道他兩個孩子站在母親那邊，認同母親的憤怒有道理，他看清了家庭生活中這些令人非常不快的現實，就能夠停止再去大西洋城了。還有，他每兩週會跟朋友辦場賭注有限額的撲克比賽，努力在他打的所有比賽中做到不輸不贏，藉此幫他控制住了賭博行為。

REBT 的認知作業

有效的治療法通常會讓人知道，在兩次晤談之間要做什麼，而不是僅止於個別晤談或團體輔導。在我案主的前幾次晤談中，我通常會告訴他們：「這週內，寫下任何煩惱的感受和

行為，例如焦慮和憂鬱的感受，或是逃避你真的很想做的事。要注意到發生在這些事件之前的促發事件或逆境（A's）。讓你困擾的感受和行為的 ABC，你現在有了 A 和 C。然後假設你在 C 點，也有促發自我毀滅的非理性信念（IB's）。找到這些 IB's，裡面大部分包含了必須和要求。接著，積極予以駁斥，直到你成功得到有效的新哲學觀（E）。」我的案主做起來通常沒什麼困難，很快就能覺察到他們困擾的 ABCDE。

　　不管有沒有接受心理治療，你都能做一樣的事。首先，檢查一下你的 C 點，看看你的感受和行為如何自我挫敗。然後觀察，在受困擾的行為之前，也就是 A 點通常發生了什麼事。找到你的非理性信念，予以強力駁斥，再想出有效的新哲學觀（E's，也稱作「有效的理性信念」）。你可以跟家人朋友共同審視你的 ABCDE，不要猶豫，尤其如果他們也懂一點 REBT。但是就算他們不懂，你也可以教他們一些 REBT 的基本要素，好讓他們能幫助你，也用這些方法處理他們自己的問題。

　　為了幫你寫下專屬自己的 REBT 之 ABC，進行駁斥，想出有效的新哲學觀。溫迪‧德萊頓（Windy Dryden）、珍‧沃克（Jane Walker）和我共同設計出這張 **REBT 自助陳述表**（REBT Self-Help Report Form），你可以定期使用。一陣子之後你就會記住，或許在大腦裡就能完成這張表。（請見下頁）

　　然而你會常常發現，寫下你的 ABCDE 很有用，讓你以後

可以再來檢視和複習。此外，你常常會重複發生同樣基本的結果，而毫無必要的困擾你自己。所以，藉由參考你之前的一些自助表格，你可以很快了解到你以前怎麼駁斥非理性信念、曾獲得什麼有效的新哲學觀（理性信念）。

使用 REBT 和其他認知行為教材

如我之前提過的，我一開始對長期案主和民眾使用 REBT 後，就了解到大家可以使用書面、錄音或其他教材，來協助他們的治療和自我治療。因為 REBT 本身無論在晤談中或晤談外，都非常具有教育意義。這種療法的原則可以向人清楚解釋，就像我在這本書中說明的，想要應用在自己身上的人，大多都可以使用。學會原則的這些人，可以接著再教給其他人，我在下面會接著討論。

許許多多的小冊子、小本子和書籍，都清楚而有效的介紹過 REBT。在紐約艾里斯學院的心理診所，我們會建議案主閱讀一套學院出版的小冊子，在第一次晤談時送給他們。這些冊子包括：《婚姻互動困擾的本質》（*The Nature of Disturbed Marital Interaction*）、《REBT 能消除人類大半的自我中心》（*REBT Diminishes Much of The Human Ego*）、以及《達成自我實現》（*Achieving Self-Actualization*）。

我們也推薦案主閱讀一些專門寫給大眾閱讀、且重要的

REBT 自助陳述表

A（促發事件或逆境）

- 簡短概述你覺得困擾的情境（在攝影機裡會看到什麼？）
- A可以是內在或外在的，是實際或想像的。
- A可以是過去、現在或未來的事件。

C（結果）

主要的不健康負面情緒：

主要的自我挫敗行為：

不健康的負面情緒包括：
焦慮、憂鬱、憤怒、低挫折容忍力、羞愧或難堪、受傷、嫉妒、罪惡感

IB's（非理性信念）

D（駁斥 IB's）

要確認 IB's 的話，要找出：

- 教條式的要求（必須、絕對、應該）
- 糟糕化（這好糟糕、可怕、恐怖）
- 低挫折容忍力（我受不了了）
- 評斷自我或他人（我或他或她很壞、沒有價值）

如果你要駁斥，先問自己：

- 抱持這種信念會讓我怎麼樣？這是有幫助的，還是自我挫敗？
- 有什麼證據支持我非理性信念的存在？符合社會的現實嗎？
- 我的信念合乎邏輯嗎？是否來自於我的偏好？
- 狀況真的很糟糕嗎？壞到不能再壞了嗎？
- 我真的受不了了嗎？

E（有效的新哲學觀）

E（有效的情緒和行為）

> **新的健康負面情緒：**
>
> **新的建設性行為：**

為了更理性思考，要努力獲得：

- 非教條式的偏好（希望、想要、渴望）
- 評估壞的程度（是壞，還是不幸）
- 高挫折容忍力（我不喜歡，但是我受得了）
- 不要全面評斷自我或他人（我和別人都是會犯錯的人類）

健康的負面情緒包括：

失望、擔心、煩惱、悲傷、後悔、挫折

REBT 與 CBT 書籍，例如我的書：《如何頑強地拒絕讓自己因為任何事而不幸》（*How to Stubbornly Refuse to Make Yourself Miserable About Anything—Yes! Anything!*）、《理性生活指南》、《個人幸福指南》（*A Guide to Personal Happiness*）。其他，我們常推薦的書包括保羅·霍克（Paul Hauck）的《打敗評分遊戲》（*Overcoming the Rating Game*），還有我自己的《克服拖延》、《控制憤怒》（*How to Control Anger Before It Controls You*）、《亞伯·艾里斯讀本》（*The Albert Ellis Reader*），還有《理想老年：克服變老》（*Optimal Aging: Get Over Getting Older*）。這些不過是你能使用的 REBT 小冊與書籍中的一部分。還有很多其他的物品和影音資料，列在本書末參考資料一節裡，打上了星號。

大多數人都覺得這些資料相當受用，REBT 及其他認知行為治療的演講和工作坊也是。尤其是我的案主，他們進行了幾次 REBT 晤談之後，都覺得複習我們的書面和影音資料，可以幫他們回想起一些目前忽略的方法，以及以前從沒用過的一些方法。就算你從沒做過 REBT 晤談，你也很可能會覺得這些資料相當有幫助。

你可以學得更好！向別人傳授 REBT

我開始對案主使用 REBT 之後沒多久，就發現有些人開始

把 REBT 教給朋友、親戚和同事。如上所述，他們這麼做沒什麼困難，只要他們自己相當了解 REBT 就可以。其次，他們所教導的人，有些人立刻因此獲益。其他人一開始會抗拒，但是看到這療法對我的案主那麼有幫助，也跟著開始使用了。

我的案主越常向別人分享 REBT，對他們自己常常越有幫助。這就是知名教育家約翰‧杜威（John Dewey）在將近一個世紀以前所指出的：「我們藉由教別人，就能學會把某件事做好。」REBT 尤其如此。當你向別人說明：「他們誤以為自己的**煩惱**只是來自於生活中的逆境，其實不管有意識還是無意識的，他們也選擇了**自尋煩惱**。」同時你也一直演練這個觀念，並放入自己的腦海和心裡。你向別人說明他們的非理性信念，還有如何駁斥的時候，你就會更清楚看見自己的非理性信念，也更能予以駁斥。

這是我在 1959 年創辦 REBT 團體治療的主要原因之一。我發現在團體裡案主有很棒的機會，可以看見其他成員的非理性信念，加以駁斥。此外，我可以監督他們跟別人的演練情形，指出他們觀察到的非理性信念是否正確，示範駁斥要怎麼改進。積極參與團體的人，學會了如何更成功地發現和駁斥非理性信念。團體也很具教育意義，因為成員看到了其他成員受類似的問題所苦，也了解到別人跟自己的非理性信念時常相符。他們更能學習別人的駁斥方法，將可以如何用在自己的困擾上。這是很有效的示範啊！

如果你可以找自己的朋友成立團體，學習 REBT，而且一起使用，那很好。但就算沒有，你也可以對幾乎任何人使用，只要他們願意跟你談自己的問題。一旦你開始教別人認識 REBT，就算只教一個人，他也能反過來對你使用、檢核你的非理性信念和駁斥，你們兩人都能了解在自己身上使用這個方法的成效如何。

羅莎莉因為兩年前跟羅納德分手而嚴重憂鬱，有時甚至想到要自殺來結束痛苦。我跟她唔談了八週之後，她了解到，困擾她的不只是感情的失落，還有她因為對羅納德發了脾氣而責備自己。她很確定，自己永遠克服不了幼稚的鬧脾氣，以致於沒辦法跟任何人維持良好的感情，所以她不會有人愛，是沒價值的人。

在 REBT 唔談的過程中，隨著羅莎莉閱讀、聆聽 REBT 的資料，她了解到，發脾氣來自於她自己幼稚的要求——別人絕不能阻礙她強烈的渴望，尤其是她極端渴望被他人所愛的需求。如果別人對她的要求遲疑了，那他們就是「忘恩負義的混蛋」。她也了解到，她「需要」別人不斷展現愛意，這點不切實際也不合邏輯。只有她如此定義的時候，這才會是種「必須」。

羅莎莉了解到，她挫折容忍度極差，還嚴重覺得自己沒有價值，這些不是來自於她沒辦法獲得足夠的愛意，而是來自於她對自己和伴侶提出不可能達成的要求。了解到這些後，她試

圖放下對愛獨斷的要求，同時努力維持自己堅定的偏好。靠著這樣的改變，她順利讓自己擺脫憂鬱，重新開始約會——原本來治療之前，她已經放棄約會了。

慢慢地，羅莎莉也跟一些女性友人討論自己的問題，跟她們分享自己現在如何用 REBT 來處理困擾。她發現，幾乎所有的朋友都有類似的痛苦。除了愛與被愛的健康渴望之外，她們常常陷入一種思考，認為她們絕對必須要滿足這些渴望。表現出她們太過需要關懷，常常令她們的愛人很掃興。就算感情狀況良好，她們還是會因為這樣想而一直焦慮：「我必須要一直被愛，不然我就是個沒人愛、沒價值的人！」

羅莎莉幫助朋友了解到，她們跟她一樣，都正愚蠢地把「對愛的健康偏好」變成「極端的需求」，因而使自己挫敗。這時，她也明白了自己的錯誤。藉由她的幫忙，搭配閱讀 REBT 的資料，一些女性朋友有了明顯的進步。其中一位開始不再像過去的羅莎莉一樣，她不會老是去找男友麻煩，並開始修補因她的之前行徑而嚴重破裂的感情。另一位朋友則依然留在同一段感情，但在男友忙於工作而忽略她的時候，她能讓自己比較不焦慮。所有人都說，羅莎莉分享的 REBT 原則幫了她們大忙，使她們獲益匪淺。而羅莎莉也在這過程，把這些原則學得更確實、深刻了。因為這樣的情形持續發生，讓羅莎莉越來越感受到自己喜歡用 REBT 幫助別人，於是她去唸了研究所，當了臨床社工師。

活出自我，善用模仿學習的本能

　　就如班度拉和其他心理學家證明過的，兒童和成人從模仿他人之中學到很多東西，而你的身上也可能反映出一些周遭家人朋友的自我挫敗、專制的必須。你的家人、老師、文化與大眾媒體，都在向你示範如何譴責自己、對抗他人、抱怨自己的不幸，不然就是如何困擾自己。當然，這也不是說你自己在這方面沒天分，你輕而舉地就能建立自己瘋狂的規則，在遵守某些規則時也有自我僵化的堅持。但你也是個會接受暗示、容易被騙的人，就像所有的人類一樣，你在「模仿別人」這件事上毫無阻力，不管是有益的還是無益的。

　　例如蘇絲，先天後天都愛模仿別人。每次出現風行一時的新流行，她就會改變穿著的方式。她會模仿社交團體裡最受歡迎的成員，效仿她們的髮型、化妝方式和香水。她的行為準則不是她自己的，而是非常接近學校裡、和她居住的保守長島地區中她所崇拜的那些人。更糟的是，她堅持自己和小圈子裡的個人規則毫無疑問是「正確」而「正當」的，任何忽視規則的人，包括她自己，都是被排斥、被討厭的人，她因而犧牲了自己的個性。

　　蘇絲因為長期焦慮來找我晤談，只要她觸犯、或是別人以為她觸犯了某條「正確的」社交法則，就會發作。結果就像你猜的，她害怕別人看到她極度焦慮，因此而陷入極度焦慮。

我對蘇絲用了幾種常用的 REBT 方法，尤其是辨識和駁斥她主要的非理性信念：「不得體的社交行為很可怕，永遠不能被原諒，必須不計任何代價，一定要避免！」、「如果我在我這群人之中格格不入，那所有的好人都會鄙視我，而且他們這樣做是對的，我不適應這個社會，我在這個群體裡低等到不能再低等！」

　　蘇絲參加了 REBT 治療，由於她之前做了五年的心理治療都沒有效果，所以她一開始竭力反抗，但幾個月之後她變得比較獨立了，也不再屈服於社交團體中大部分的保守成員。她的穿著打扮開始有了自己的品味，也不再為了迎合同儕團體的愛好而喝酒，她甚至向一些傳統守舊的朋友熱切分享價值觀更開放的閱讀經驗。她也結交了幾個沒那麼守舊的曼哈頓朋友，來取代一些她再也不喜歡的「長島派」朋友。

　　蘇絲的焦慮明顯減少了，尤其是她對「自己看起來很焦慮」的恐慌。她還是跟大多數家人保持密切聯繫，不過要讓那些古板的親戚知道她的約會情況——偶爾在一段時間內會跟一個以上的男人有性行為——有時候她還是會感到不好意思。所以，她假裝只跟其中一位交往對象交往，固定帶他參加家族聚會，從來不提她跟另一個男人也有穩定的關係，這個男人相當反傳統，在那些親戚的眼中，絕對不會是個「合適的結婚對象」。

　　蘇絲因為自己不誠實而覺得相當不安，不過她已經停止因

為自己的「差勁」行為而自我譴責了。為了克服不安，她做了幾種 REBT 處理羞愧感的練習，其間也告訴了家人她一些「特立獨行」的行為。例如，她已經不去天主教會了，反而參加了一個佛教團體。蘇絲告訴他們的時候，她盡力不讓自己覺得羞愧。

為了更進一步，蘇絲不只冒著家人反對的風險，還讀了一些佛教禪宗、以及基督教不順從者（nonconformists）的作品，例如梭羅（Henry David Thoreau）和阿莫士·布朗森·奧爾科特（Amos Bronson Alcott），他們都曾無視恥辱，打破好一些社會規範。透過這些改變，蘇絲得以更加脫離家人的期望，活得更像自己了。到了最後，無論是不是家人，她幾乎不避諱讓所有人都知道她的交往情況與性生活，而且心安理得。她甚至因為自己說服了幾個年紀最大、最保守的女性友人，讓她們對性與愛的觀念不再那麼墨守成規，而感到相當驕傲。

我當然不是在建議你，選擇像蘇絲和她朋友那樣，採用反傳統的方式。你想維持自由派還是保守派的習慣，由你自由選擇。但如果你真的渴望，做些任何不尋常的事，不管是哪一類，那在現實生活和傳記裡通常都可以找到這樣的人，他們違背常理，這樣做也不覺得難堪。你可以模仿他們的「無恥」，來幫助自己活得更像你自己。

小心標籤！避免過度類化的語言

就如柯日布斯基在 1933 年那本獨特的書《科學與健全》裡提到的，有些其他的權威著作也指出，我們人類是會創造語言的獨特動物。沒有語言的使用，包括自我陳述，我們就無法順利進行思考、對思考的思考，以及思考對思考的思考。

對人類來說，語言確實在許多方面都非常有用。但未必總是如此。我們會發展、不斷修改我們的語言，這件事本身就有危險。就如柯日布斯基指出的，我們對自己、以及與他人說話的時候，很容易就會過度類化。因此，使用「表示同一的是」時，我們會正確的說：「我沒有為這個重要的考試用功讀書，這行為太愚蠢了。」接著過度概化：「所以我**就是**笨蛋！」我們甚至可能不只於此，更會說：「因為我的行為很愚蠢，所以我現在**是個**笨蛋，這樣會讓我變成惡劣、不配的人，行為**總是**很壞，不配享受人生。」

如果你思考一下這些說法，你就會發現，你常常對自己和他人說這些話，而這些話顯然不正確。你也許真的行為愚蠢，例如，由於你的目標是要通過考試，而你如果有用功，或許就能通過。但你選擇逃避讀書，因而破壞了目標。由於你的行為違反了自己的利益，所以你可以合理地說：「我的行為很愚蠢。」這麼做，能幫助你注意到你所做的事，下次考試你就可以有不一樣的作法。

此外，就 REBT 來說，如果你只有觀察到你參加考試的過程行為愚蠢，你或許會認定：「由於我的行為不當，所以我希望不要重蹈覆轍。」然後，你藉由這個認定讓自己因為這個行為感到遺憾和失望，再一次，此刻你的負面情緒是健康、或對自己有幫助的。如果面對毀滅性的行為，你是讓自己感到開心或無動於衷，你就會一直重複這種行為；而如果你因此覺得遺憾或失望，未來你就會去避免這種行為。

那如果是「因為我參加考試的過程行為愚蠢，所以我是笨蛋」的說法呢？嗯，這個如何呢？很明顯的，這樣說不正確，因為「我是笨蛋！」這個結論表示你只會、一直，或至少大多數時候行為很愚蠢。事實上，你做的很多事，或許絕大多數的事，可能都做得很好，不會愚蠢。所以你錯誤地過度類化了。你也是柯日布斯基所謂「表示同一的是」的受害者。因為當你說「我是笨蛋！」，在某些方面是把你的愚蠢**行為跟你**、你的本質和存在畫上等號。真是蠢話！除了考試之外，你做過的其他事成千上萬；就算同樣是考試，有時你也會用功，考取很好的成績；有時你也會像這個特例，偶爾沒做到該有的表現。因此，再怎麼說，你顯然不是一個「愚蠢的應試者」，你也一定不會是個「愚蠢的人」。

那你是什麼呢？嗯，這問題本身就是個傻問題，因為你做過那麼多不同的事，所以你不會是其中任何一種。就算是，你也是個行為有好有壞的人——這一次做出了不好的或愚蠢的行

為；下次不會再犯下一樣的壞行為，只會做得更好。除非你一輩子只做一件事，而且做的方法完全一模一樣，不然**「你」永遠不會等於「你所做的事」**。而由於你有一定的選擇或意願，所以可以說，你要為「做出某件事」或「沒做某件事」而負起責任。但是你做過的行徑如此繁多，不能因為其中的任何一種行為，而把你全然標記為好或壞。就算你做的行為通通都是壞的，把你貼上「壞人」的標籤也不正確。就像心理學家史蒂芬‧尼爾森（Stevan Nielsen）曾指出，你把自己貼上了壞人的標籤，就是在嚴厲的定義：行為得當的人理論上應該是什麼樣子。你獨斷地虛構出做人得當的要素——這都是你自己編造出來的。

因此某種程度而言，你會使用是（is）、或是 be 動詞的任何其他形式，把整個自我或整個人的存在，指定為「我是這個」或「我是那個」，這種語言的能力也挺麻煩的。你最好加以監控和約束。小大衛‧波蘭德（David Bourland Jr.）是國際普通語義學學會（International Society for General Semantics，追隨柯日布斯基學說的團體）的主要成員之一，他構思出一種英語的形式，稱為 E-prime，這種英語完全不用 be 動詞，因此使用這種英語比較不會造成過度類化、以及我們前文所討論的「表達同一的是」。雖然使用 E-prime 並不會把你所有扭曲的想法，**轉變**成對自己與他人準確的想法，但有時候這方法也可能有幫助。

回到「用必須來自我要求」。如前所述，當你說「我參加考試的行為很愚蠢」的時候，你會感受到遺憾和失望，這些是健康的負面情緒，可以幫助你在未來修正這個過程。但你加上了「所以我是個笨蛋」，或是「我的行為這麼愚蠢，我這麼笨，所以我是個爛人」的時候，你就會把「有益行為的偏好」改變成「專制的必須」。「我是笨蛋！」這種說法，意指「笨蛋」就是你身而為人的本體，而你永遠都會行為愚蠢。如果你信了，你就會得到很壞的結果！如果這樣，你就又會把「不要做出壞行為」的偏好，提升成獨斷的要求：「因為行為愚蠢會讓我變成笨蛋，然後笨蛋的行為會一直很愚蠢，所以我絕不能有這樣的行為！如果我做了，就很糟糕！我的愚蠢行為讓我變成很惡劣、很討厭的人！」

　　你現在變成什麼樣子了？什麼都不是！你預測自己的行為會一直很愚蠢，這很容易就會變成自我應驗預言，讓自己的行為確實一直照著預想的發展。你也在暗示自己「沒有辦法」不做出愚蠢行為，所以你不如就放棄，不要努力去做了吧。你還會進一步暗示自己，別人會看到你真的是個笨蛋，會鄙視你，幾乎不會給你任何機會去做出好的行為。有些旁觀者甚至會故意毀掉你，破壞任何你想要表現得更好的努力。如果你認為，命運和這個宇宙都對你有興趣、反對你當個笨蛋的話，那你也可能暗示，別人和命運將認為你是沒資格的蠢貨，它們會認定你永遠無法成功、不會有良好的成就，還可能會真的懲罰你、

禁止你這輩子有任何機會表現優異、得到好結果。

現在看看你搞出什麼亂子了！

當然，所有這些嚴重的結果，可能不是來自你（很不準確地）為自己貼上的「好人」或「爛人」標籤。但是，這些標籤很可能會造成這些負面結果！因此你要小心：要設定重要的目標和價值觀，盡全力去達成，主要是因為你強烈的「想要」這樣做。而當你沒做到、甚至因為明顯沒有照著正確步驟走而失敗的時候，例如因為想要通過考試而用功，卻失敗了，那你只能指稱你的行為不好、笨拙或是沒效果。但不要愚蠢地直接往你身上貼上「壞」標籤，包括你的所有自我與性格。要明白，你跟所有的人類一樣，你真的會犯錯。

不要這樣，如果你想說得準確些，也不要把你的整個自我貼上「好」或是「有資格」的標籤。為自己貼上「好人」、「有資格的人」之標籤，比起貼上壞人或沒資格的人之標籤，或許會讓你得到比較好的結果，但這兩種標籤其實都不準確。就像喬治・凱利和其他人說明過的，由於人類傾向於用二分法的架構或類別來思考，每當你認定某個事物是好的，你大多會採用認知中相對是壞的東西來做對比。因此，每當你認定自己是好人，你就傾向於相信，你也可能會是個壞人。很危險啊！

用REBT優雅的立場來看性格吧：只用「是否達成你的目標或目的」作為標準，來評斷或衡量你的想法、感受和行為；完全不要評斷你的自我、存在、實質、本質或性格。小心你的

語言，尤其是過度類化的語言。要觀察，而且對於像以下的自我陳述要抱持相當懷疑：

- 「因為我這次失敗了，或許還會失敗好幾次，所以我永遠都會失敗。」
- 「因為我這個重要的任務失敗了，所以我就是最失敗的失敗者。」
- 「因為我本來可以表現得更好，而我沒有做到本來可以做到的程度，所以我不只要為我差勁的行為負責，而且我還是個差勁、不夠好、沒資格的人。」
- 「因為別人對我的行為不正當，所以是他們造成我對他們的生氣。」
- 「因為我生活的這個世界，有許多不幸或惡劣的狀況，所以這就是個很爛的世界！」

這些負面的自我陳述和類似的標籤，還有過度類化，未必會導致你一直困擾。但是這些東西常常會讓你惹上不必要的麻煩，困擾自己，也冒犯別人，別人可能會對於你因為其差勁行為而對他們貼標籤，感到厭惡。貼標籤和過度類化不是人類所有惡行的根源，卻是許多惡行的根源！

所以，停止你的過度類化吧。尤其停止把你的某些行為跟整個自我畫上等號。你可能永遠無法完全停止這種誇張的類

化，但是你可以大幅減少！你會發現，這才是最重要的工具，能讓你過著健康、快樂、更不會陷入煩惱的人生。

Chapter 10

更多思考的方法：
問題解決、領悟、自我效能感

做好心理準備，要預期可能會出現一些失敗，有時會很多。不要堅持認為這些失敗一定不能發生，或在失敗發生時就認為自己是不夠好的人。要做好準備，就算想到的是差勁答案，也要全然地接納自己，擁有REBT所說的無條件自我接納。

解決實際的問題

　　有許多的心理治療，包括常常在 REBT 中發生的那些，都能解決實際的問題。如果你解決了人生的問題，而且不要求一定要有完美或最好的解決之道，那你大概不會有太大的煩惱。然而，你和多數的其他人一樣，在生活中遇到難以解決的問題時，常常會陷入心煩意亂，並下結論認定沒有好方法可以解

決。換言之，當一件人生中的促發事件或逆境（A's）違背了你的利益。在 B 點，也就是你的信念系統，你就會非理性地想著，沒有一個好方法可以解決眼前問題。導致在 C 點（結果），你因為逆境（A）而毫無必要地困擾自己。你煩躁的情緒干擾了你處理眼前實際問題的能力。

想努力解決實際問題很好，而有效的治療可以幫你做好這個工作。但如果你「只有」或「主要」專注在解決問題，你的情緒困擾就不太可能減輕。下一個實際問題可能很快又會出現，而如果你沒有好方法因應，情緒困擾很容易再找上你。所以在 REBT 中，我們建議你，在處理實際問題之前和過程中，就要努力減少你的情緒困擾。尤其要避免告訴自己：「我絕對要能想出最好的方法，來解決這些問題。」

泰瑞的工作是管理顧問，他相當擅長這種工作。他經常為大企業指出哪裡做得不夠有效率，又該怎麼讓流程更有效率。他喜歡解決問題，也能好好經營自己的人生。他的前妻老是追著他，要他拿出更多錢給兩個年幼的孩子，所以他得想辦法安撫她、賺更多的錢、量入為出、小心運用他的資產。他甚至考慮到他的約會開銷時常過大，所以他只約那些不需要他花太多錢應付的女性。這些方法挺有效的：他的帳單都繳得出來，也不太擔心無法支付。

後來泰瑞的公司開始裁員，只能聘他作為兼職員工，他的收入突然大為縮減，必須靠原有的積蓄度日。他開始沒完沒了

的擔心可能得另覓工作，也怕因為付給前妻的錢少了，孩子會因此討厭他，還深怕跟他約會的女性，會因為他財務不穩定而看不起他。

泰瑞擔心金錢不夠，這是健康的負面感受，因為這能幫助他擬訂計畫、賺更多的錢，或是靠較少的收入簡單過生活。但是泰瑞「過度」擔心了，他一心牽掛著錢，就算繳清帳單也持續擔憂，還覺得因為自己「變窮了」，所以變成不夠格的人。他晚上常常失眠，為了存錢而做出各種瘋狂的決定，弄得他跟前妻和身邊的女性友人的關係都出了狀況。

REBT 幫助泰瑞維持他對財務健康的擔心，同時放下他極端的過度擔心，包括他的負面預想——自己最後只能靠社會福利救濟。我向他說明，他確實有財務狀況的問題，但就算他永遠沒辦法成功解決這些問題，也跟他身為一個人的價值無關。他也讀了我與派翠西亞‧杭特（Patricia Hunter）合寫的《為什麼我總是沒錢？》（*Why Am I Always Broke?*），了解到惡劣的財務狀況絕不會讓人變成不夠格的人。

泰瑞最後下結論：「你知道的，我可能永遠找不到好方法解決我的財務問題，因為我這一行的狀況，可能永遠不會回復正常了。如果發展到這步，那真的相當壞，就財務上而言啦。但就算是最壞的狀況，我只要少花一點錢，給孩子的資助少一點，忍受他們的不開心。如果他們無法理解，那就無法理解吧。要是女朋友因為我沒什麼錢而看不起我，那剛好證明她不

是適合我的人。就算她認為我是比較差的人，我也不用一定得同意她的看法！」

　　泰瑞做出這個結論的時候，他的財務狀況尚未好轉，但他少了很多的焦慮和自我貶抑。他仍然很擅長解決實際的問題。但他更學會了抱持自我幫助的哲學觀，就算他的財務狀況不好，狀況確實很壞，但他這個人不會因此變得不好，也不是無能的人。

　　如此一來，你就可以盡力解決你的實際問題。採取商業、企業或管理上廣泛運用的各種方法，還有像唐納‧梅欽鮑姆（Donald Meichenbaum）、傑洛德‧史派瓦克（Gerald Spivack）和梅納‧舒爾（Merna Shure）這樣的心理學家和教育家一直在推廣的方法。他們推薦的一些技巧包括以下這些：

- 分析重要的問題，尤其是那些讓你自己困擾的問題。
- 避免承擔太多有期限的問題，以及需要快速解決的問題。
- 努力為問題找出最好的答案，但不要讓「最好」變成「唯一」。要做好準備接受替代方案，或是有時「相對較差」的解決方法。
- 在腦海中多發想幾種可能的答案，有時實際去嘗試——就算一開始只有其中一種真的看來合適。
- 在腦海中再次檢核你的解決方法，能實際操作更好，以了解這些方法是否能產生你要的那種結果。

- 要認定，你有可能為問題找到好的答案。但別認定，你必須要發現很棒的答案。

- 明確陳述你的問題，幫自己設定務實的目標，努力執行一些可能的解決之道。

- 試著產出大量可能的解決之道，好讓你可以從中找到更好的選擇。

- 問題讓你覺得有壓力或焦慮的時候，努力想想，別人可能如何處理這些問題，而且沒有製造出過多的焦慮。

- 評估你考量的每個答案好壞，依據可能產生的好結果依序排列。

- 在實際嘗試之前，試著演練一些可能採取的策略與行為。在你這麼做的時候，要試著想像可能有更好的答案，並且在腦海裡檢核這些可能性。

- 做好心理準備，要預期可能會出現一些失敗，有時會很多。不要堅持認為這些失敗一定不能發生，或在失敗發生時就認為自己是不夠好的人。

- 要了解，嘗試過就是好事，就算計畫執行的不順利，有時候也要因為你嘗試過了，而獎勵自己。

- 讓自己確信，忙於處理問題的時候，日子還是能繼續過下去，只要堅持下去，你就很有機會解決問題。

- 遇到逆境的時候，去了解你跟自己說了些什麼，可能因而造成你的阻礙。你是否在告訴自己，繼續走下去「太過」困難

了呢？你永遠沒辦法解決這個問題嗎？你只能得到差勁的結果，一定不能發生這樣的事才對？任何值得做的事，都絕對、必須達到良好的程度？

● 思索並使用一些鼓勵方法，幫助你繼續解決問題。試試看自我暗示（self suggestion），例如：「我真的做得到」、「我喜歡這種問題解決」、「既然我做得不錯，我很可能可以做得更好」、「就算我沒有成功，我還是可以繼續嘗試，從中學到很多」。

● 讓自己確信，如果最不樂見的狀況發生，你永遠找不到解決問題的好方法，也不會發生災難，你還是能找到一些可以讓自己快樂的事。

● 就算你解決問題的時候表現不好，也要試著把這個狀況視為實際的挑戰，有時候還可以是令人興奮的挑戰。你大多能藉由嘗試解決問題、就算解決不了也有所學習、享受努力找到更好答案的過程，來幫助自己。要做好準備，就算想到的是差勁答案，也要全然地接納自己，擁有 REBT 所說的無條件自我接納。

● 你也可以獲得更高的挫折容忍度；也就是說，要讓自己確信，如果你很順利的解決問題，生活會變得更美好。即使有些重大問題一直沒有獲得解決，你仍然可以努力擁有還算快樂的生活。

別忘了，情緒問題常會阻礙你處理實際問題，而處理情緒問題，本身就是一種問題解決的方式。所以你要一直自問：「我要怎麼解決我的情緒問題？」以及「我要怎麼解決我的實際問題？」這兩個都需要用到你的頭腦！REBT 取向會先看你的情緒阻礙和煩惱，解決到某個程度之後，再繼續處理實際的生活問題。但這並非是不變的定律。不過，只要你能改善情緒上的困擾，你的心境多半就能舒暢了。

焦點解決技巧

最近有一群治療師追隨史蒂夫・德・沙澤爾（Steve de Shazer）的做法，讓焦點解決治療（solution-focused therapy）大受歡迎。在沙澤爾之前，1950 年代，米爾頓・艾瑞克森[1]就開始進行這類療法了，而沙澤爾則為艾瑞克森其較為獨特的技巧再做補充。REBT 從 1950 年代開始，也提倡許多這類方法。

焦點解決治療不會像精神分析那樣，深入你的過去。相反的，這種療法試著讓你了解，你天生確實擁有積極的傾向，你曾經把這個優勢運用得很好，而你可以藉由自己的經驗，學會再度使用這些方法。

1　米爾頓・艾瑞克森（Milton Erickson），被譽為「現代催眠之父」，是醫療催眠、家族治療、短期心理治療的權威，對許多主流療法皆有重大影響。

焦點解決取向能幫你了解，你在很大的程度上天生就會解決問題，而你的生活經常需要你運用這項能力。焦點解決治療告訴你，你有這種自我改變的能力，而且有時發揮得非常好。所以，當下面對實際的問題或情緒問題時，你可以回想過去是如何有效處理類似的問題，試著運用或調整舊有的解決之道，再一次成功處理問題。

知道了這點，就要問自己幾個相關的問題。例如，假設你現在很焦慮，擔心某堂重要的課被當掉，而你過於牽掛無法通過考試的「恐怖」，結果唸書的時候很難專心，想到要去考試就恐慌。這種時刻，就要問自己幾個重要的問題：

「我上次面對這樣的情境時，做了什麼來克服我的焦慮？什麼方法有效？我要把重點放在不管焦慮，強迫自己更專心嗎？我是否能讓自己相信，這門課不是非得通過不可？有沒有哪些我做過的事，是我可以再度嘗試的？」

再問自己一次：「我讀書時曾做過什麼改變，最有幫助？過去有哪些讓我平靜的方法有效，哪些沒有效？我過去煩惱這個問題的時候，做了什麼去中斷這個困擾，而讓我有更好的處理？有什麼事情或行為會讓問題更嚴重？」

再問一次：「上次處在這樣的情境時，我是不是讓自己因為我的焦慮而焦慮呢？我是否堅持認為，我**必須**不要焦慮，只要焦慮，我這個人就不夠好？我是否堅持認為，我的焦慮**太難**承受，**不應該**存在，我的生活因為焦慮而變得**無法忍受**？如果

過去我沒有因為焦慮而貶抑自己，那我是如何做到的？我之前焦慮的時候，如何處理挫折容忍度低的時刻？」

如果你問過自己這些問題，了解你之前怎麼解決面對考試的焦慮，你就能駁斥自己的糟糕化，因為你會停下來思考，上次你遇到這個「糟糕」的狀況時用了哪些方法是有效的。

焦點解決治療師會協助你專注於相對簡要的未來方向，而不是專注於你過去和現在的問題。你將關注的是現在對你沒有幫助、讓你困擾的行為，而不只是聚焦在了解自己、得到好的診斷了解你「是什麼樣的人」。不管你的選擇為何，你會嘗試安排介入的方法（強迫選擇），幫助你自己用某種方法進行改變。

還有，要以行動為導向，檢查回家作業的進度和結果。要打破早已反覆進行的毀滅性思想和行為模式。

這些建議都很有價值，也跟 REBT 贊同的許多思考、感受和行為方法有部分重疊。然而，焦點解決治療的結果導向，可能會忽視我所提倡的一些更深入的優雅方法。例如：

● 就算你確實解決過實際問題或情緒問題，有時你也想不起來之前是怎麼解決的。

● 你之前的解決之道真的是好方法嗎？或者只是普普通通、勉強能幫你應付過去的方法？那些方法顯然效果不夠深刻持久，不然同樣的問題不會那麼容易就再度發生。

- 你之前的解決之道，一定有某種程度的「效果」，因此有時可以立即減輕你的痛苦。然而，這其實會阻止你去想出更好、更徹底的解決之道。如果任由你自己選擇，你可能會因挫折容忍度低，導致你只願意構思那些快速簡單的解決之道，而不採取更複雜卻更有效的方法。

- 你的解決之道可能會有所偏頗、不夠周全。例如，如果你想努力克服對火車或電梯的恐懼，可能就無法周全考量到其他不同的焦慮克服，而只能容忍、與那些焦慮共處。

- 你身為人類，天生就有這樣的傾向——如果原來的困擾只克服了部分，那這困擾就會經常性的故態復萌。但是 REBT 認為，如果你了解一些非常基本的非理性「必須」，並且加以根除，就比較不容易再次陷入嚴重困擾，也不必反覆使用你的「解決之道」了。

- 如果你明顯有人格疾患，那焦點解決治療可能會忽視一個事實——你需要的可能是密集、有時是長期的治療，抗憂鬱劑和其他藥物可能也對你有幫助。

　　例如傑洛德，他在一夫一妻為主的體制裡非常不快樂，他在美國中西部的這種體制中長大，而他二十五歲搬到紐約市的時候，這裡還是普遍如此。所以他費了很大的勁，接下來的幾年，在布魯克林參與創立了一個非一夫一妻制的集體社區，大約有十幾位男女與兒童住在一起，分攤開銷，而且允許自由交

換性伴侶，不會互相嫉妒。傑洛德有一陣子對他的安排很開心。但是他很快就發現，幾乎團體裡所有的成員，包括他自己，都把他們神經質的想法、感受和行為帶到了這個新的社區，而且這個團體在即將邁入第三年的時候，混亂到了極點。他自己大多數的時候都異常生氣，因為某些團體成員曾衷心承諾，要遵守大家共同通過的規則，後來又不顧規則、謊稱自己有遵守，甚至刻意破壞其中一些規則。

等到這個社群解散的時候，傑洛德才明白，連他自己都太過神經質，沒辦法好好在這社區裡生活，幾乎所有成員都是如此。事實上，他認為這種社區可以運作的唯一方式，就是讓絕大多數的成員都接受大量有效的心理治療，改善他們自我貶抑、嫉妒、憤怒、挫折容忍度低的傾向，再來看看他們這樣的社群模式是不是真的能運作。

你當然可以使用一些焦點解決治療的方法。如果你主要是想幫助現在的自己，而且希望短時間內見效，那這些方法效果可能會很不錯。但如果你想做到我所說的：優雅、深刻的哲學觀與行為改變，那你最好在這些方法外，加上我在本書中說明的一些「更深入」的方法。

運用你的優勢，但避免過度樂觀

艾瑞克森以及持續發展其部分觀點的焦點解決治療師，都

會向案主表現出，他們對於案主的積極傾向有很大的信心.，因為這是「正常」人類都具備的能力，而且堅定相信案主的長處和潛力。把想法、感受和行為「一般化」（normalize）的這個方法，有其獨特的優點。你確實有許多具建設性的傾向，可以用來幫你擺脫現實生活和情緒上的困境。

當你專注於優點和改變的可能，多半能想出你可以做哪些特定的事情，來幫助你自己：建構具體的思考方式，行為不要像現在那樣令人挫敗。如果你有能力，例如輕鬆從事業上的失敗重新站起來，那你就會了解，你也有能力在遭到拒絕後再次振作。

因為上述以及其他的好理由，所以你當然要把自己視為「正常」的人，就算你擁有某些毀滅性的行為，你還是可以過快樂的生活。如第八章所述，這方面不要過分樂觀。不要自稱擁有你其實沒有的特殊天分，或是可以神奇地克服所有的逆境。你的失敗，是你最好要正面承認、並且努力克服的障礙。但是，再說一次，你不是失敗者，只是一個現在遇到失敗情況的人，而你通常明天就可以改正過來，並做得更好。要全面來看待你自己。不要過度強調你的缺陷。要把「修正自己的方向」當成迷人的挑戰。

以下是過分樂觀的一些缺點：

● 你可能會因為過度強調正面與「正常」的特質，而暫時受

益，但是你只會幫助自己**感覺**更好，而不是**變得**更好。變得更好，在於完全承認自我挫敗的方式，並且努力改善。感覺更好，則會令你否認真正的失敗，並妨礙你變得更好。

● 你有某些行為其實可能具毀滅性，但你卻可能認為這些行為是「正常」或「好的」。換言之，你可能認為自己在避開「危險」，但事實上你言過其實。例如，你可能會認為開車「非常危險」，但你其實是在找藉口，想省去考駕照、照顧車子的麻煩。如此一來，你把逃避的理由合理化，可能因此過度限制了你的移動能力。

找一些親密好友或家人共同檢視你的「正常」行為。看看你是否有健康地承認你並非「不正常」，或只是在找藉口，不想去努力克服某些表面下的真正問題。

擺脫壓力與焦慮感的轉移技巧

許多世紀以來，有許多人發現，人類的心智通常一次只能好好專注在一件事情上。例如，當你為某件事極為擔心的時候，你的注意力就沒辦法放在別的事情上，而且通常會連帶影響你在學業、工作和社交關係上的表現。但是當你強迫自己，就算再擔心，也要堅定專注在讀書、工作、如何管理社交關係上的時候，你通常就會暫停擔心，表現得比較好。我在十九歲

為了公開演講而緊張到極致的經驗中，發現了這一點。在一場讓我非常焦慮的辯論中，我準備了用心寫好的摘要，上台的時候，我堅定地專注在講稿內容上，為了呈現主題而進入忘我狀態，暫時轉移了我的焦慮，結果表現得非常好。

古代的思想家發現，有各種專注方式可以打斷焦慮和憂鬱。所以他們推薦瑜珈、呼吸練習、冥想，還有其他轉移注意力的方式。像禪宗也納入了各種儀式和練習，這些活動本身就很有益，也可以轉移你的注意力，幫助你中斷憂慮的狀態。

因此，當你陷入焦慮、恐慌、憂鬱、憤怒、自憐的時候，不妨使用這些轉移注意力的方法。愛德蒙・雅各布森（Edmund Jacobson）的漸進式放鬆法（progressive relaxation technique），專注在逐步放鬆身體所有主要的肌肉上，在這方面有很好的效果。但是看電視、電影、閱讀、玩遊戲，還有許多其他的娛樂和活動，也能發揮同樣的作用。

赫伯特・班森（Herbert Benson）曾經研究、發表過放鬆反應，他指出要做冥想或其他形式的「宗教」或「神祕學」修行，不必加上任何教條或宗教觀點，也可以進行。他推薦的其中一個放鬆練習是這個做法：

選一個字，例如說「合一」、「和平」、「唵」，或是對你有意義的簡短字詞。用舒服的姿勢坐著或躺下。閉上眼睛，讓身體的肌肉放鬆。緩慢而自然地呼吸。吐氣的時候，就一直複誦你的字詞。努力不去理會其他想法，但不要做得太急切。

如果出現雜念，就保持放鬆和被動，回頭繼續專心呼吸、複誦你的字詞。當你覺得壓力太大、太焦慮的時候，就可以試試這技巧，五分鐘、十分鐘或二十分鐘都行。你也可以每天花十到二十分鐘運用此技巧，作為放鬆休息。

　　還有許多其他治療師與心理學家也推薦過各種轉移注意力的技巧，包括羅伯特‧弗里德（Robert Fried）、丹尼爾‧高曼（Daniel Goleman）、茅瑞茲‧奎伊（Maurits Kwee）、夏畢洛（D. H. Shapiro）和華許（R. N. Walsh）。如果你督促自己多多運用這些方法，絕大部分都是有效的。好處如下：

● 許多方法學起來相當快速，不需要太費力，尤其是一些音樂放鬆、呼吸和冥想的技巧。

● 當你使用這些方法，通常可以在幾分鐘內迅速地讓自己平靜下來。即使在嚴重的恐慌狀態，如果你深呼吸、強迫自己去想愉快的場景，多半能讓自己快速擺脫恐慌感。

● 一旦你使用了轉移技巧，可能就會有更好的心情，去運用我在本書中說明的各種 REBT 方法。當你一直很煩躁，通常無法靜下心好好利用這些技巧。

● 有些放鬆方法本身就令人愉快，例如閱讀、看電視，或其他娛樂，而且還能讓你的人生更加豐富。

● 當你成功使用轉移技巧時，你會了解到，其實你有能力控制一些自己的想法和感受，得到自我效能感或成功的信心。這

非常有幫助！

- 有些轉移技巧可能會造成哲學觀的改變。如果你用觀察焦慮的想法來做冥想，你就會推斷出，你預測的那些「可怕」東西並不會真的發生，就算其中有些真的發生了，你也可以應對和處理。拉開距離，檢視自己的糟糕化，可能有助於你停止這個狀態。

　　因為這些原因，所以許多不同的**轉移注意力**方式可能會對你很有幫助。然而，如同許多自我治療的方法，這些方法也各有明顯的限制，可能會讓你不再投入我在本書中偏好的深刻哲學觀改變。例如：

- 你可能會**轉移注意力**，不再糾結用必須自我要求和糟糕化的想法，但是你的非理性信念未必會有所改變。你仍然在相信：「你絕對必須要贏得某人的讚許，如果沒有，你這個人就沒有價值。」藉由冥想、呼吸、瑜珈，或其他專注的方法，你可以把這種想法趕出腦袋——暫時的！但是一停止使用這些方法，這種想法很容易就會回來。所以轉移注意力會幫你**感覺**比較好，但不會幫你駁斥瘋狂的想法，從而**變得**更好。你有時甚至會用這個方法當藉口，不去進行激烈的駁斥，想著：「我早就感覺比較好了，為什麼要費力去駁斥不切實際的想法呢？」然而，駁斥才會真正改變你的非理性信

念。

- 轉移法可能效果太好，反而不會讓你去了解，是自我挫敗的哲學觀在困擾你。這些方法可能會讓你相信，毀滅性的想法只是自然的攻擊你，而不是讓你了解「是你主動造成這些想法，所以你也可以有效做出改變」。

- 因為轉移法通常很簡單，而加以了解、駁斥你非理性的信念比較困難，所以你可能會沉溺在這些方法，因而造成你的挫折容忍度更低。你可能會讓自己相信，比較有效的自我治療法「太難了」，所以你「沒辦法」做，或這些方法「不值得」做。

　　裘蒂發現，她最好的放鬆法是坐在舒服的椅子上，想像自己在雛菊花田的中央，摘花，好好享受花香。她為了在中學教書的工作而焦慮時，就會採用這個方法，迅速進入平靜安詳的心情。她有時候甚至會給學生一些事做，好讓她能在他們做事時，坐在桌前放鬆。她很快就減輕了焦慮，不必擔心書沒教好，或擔心被叫去校長那裡責罵。她只要覺得焦慮來襲，就會用這種放鬆技巧。

　　不幸的是，裘蒂的焦慮時常很快就回來了，有時候她一天要用好幾次放鬆法，晚上也是，因為焦慮感會讓她睡不著。但是她認為自己「必須要是」最好的中學老師，這種哲學觀從沒改變，因此她投注了更多時間使用轉移法。她一直焦慮的時

候，就求助於贊安諾（Xanax）或其他鎮靜劑，卻發現同樣的循環一再發生。這些方法可以令她覺得減輕焦慮，但只能持續一下子。接著，她的鎮靜劑的劑量也增加了。

最後，裘蒂來到了紐約的艾里斯學院，參加了一場我的「克服焦慮」工作坊，開始讀 REBT 的書，了解到自己對教學有完美主義的要求。藉由積極駁斥這些要求，以及進行一些處理羞恥感的練習（我後面會說明），她終於改變了造成焦慮的哲學觀，後來只有偶爾才會用轉移技巧了。她更享受教學，在班上不再那麼焦慮了。

因此，去學習一種以上適合自己的轉移技巧，當你心煩意亂而表現不好的時候，就偶爾使用，幫助自己放鬆。但是要明白，一般來說，這樣的技巧是舒緩而非治療根本，如果運用不當，常會掩蓋你製造困擾的態度，而非改變。所以要在積極、強烈的駁斥非理性信念之外，再加上這些轉移技巧，而不是取代駁斥。

使用靈性或宗教的方法幫你處理情緒問題

自古以來，各種宗教和靈性的自我治療方法都有人使用過，也有其獨特的價值。這些方法為什麼實用？主要是因為宗教和靈性的觀點包含了想法、意義和價值。所以，如果你有明確的毀滅性哲學觀，不妨以宗教的哲學觀來取而代之，這樣首

先能**轉移**你的注意力，不去專注此刻的非理性想法，其次，則可以幫助你用一套比較有用的想法來替代先前的想法。

各種宗教裡的想法，有些在你自己困擾自己的時候可能會有幫助，包括：

● 宗教和靈性的想法和做法通常都很吸引人，會鼓勵你獻身於團體、教會或目標，這會轉移你的注意力，不去看你受困擾的想法、感受和行為。例如，祈禱的時候，你就全心放在禱告上，而不是去想生活有多糟糕。研究宗教和靈性的文本也可以**轉移焦慮**（各種非宗教的研究也可以）。跟別人參與宗教活動也很能轉移注意力。如果你心裡滿是焦慮、憂鬱或憤怒，那宗教活動能有效把你的焦點從這些情緒困擾上移走，從而讓你比較平靜。

● 就如維克多·弗蘭克（Viktor Frankl），以及其他存在主義思想家所指出的，人類似乎天生就有種傾向，會在生活中創造出中心的意義。如果你只隨著時間過日子，那你可以過得還不錯。但如果你有些主要的目標、目的或理想追尋，你通常會感到更投入，也更快樂。有很多政治、社會、經濟、家庭和其他的意義讓你去獲得，而宗教是其中之一。尤其許多宗教會鼓勵信徒去相信與獻身於某些目標、跟其他虔誠信徒共同積極努力，推動這些目標。

● 如果你全心投入某個計畫或目標，你就會得到羅伯特·哈波

（Robert Harper）與我的合著《理性生活指南》中所說的：**培養一個長期嗜好**。換言之，這種關注會讓你深切投入許多年，甚至是一輩子。如果你為了一個目標真心投入、持續努力，那這個目標給你的重大意義，通常會讓人極為滿足，也會對你相信和熱衷的重大問題提供答案。這個長期的嗜好或**興趣**可以是社會性的，例如努力拯救森林，也可能有助於阿德勒所謂健康的社會興趣（social interest）。

● 如我之前所說，情緒上受到困擾的時候，你會出現有害的負面思考，而你常常會堅定相信這些想法。因此，你可能會衷心相信，你改變不了自己的方法，而你一定會繼續悲慘下去。大多數宗教與靈性的觀點，會給你一套樂觀而非悲觀的想法。這些想法包括：你只要虔誠就會受益、神毫無疑問會幫助你、獻身宗教也會讓別人大大受益等等。

　　這些樂觀的想法可能會幫助你相信自己，以及相信你有改變的能力。這種信心通常能幫助你，就像相信特定類型的治療和你個人的治療師一樣，都會有幫助。再者，奇怪的是，你相信的對象是什麼不重要。因此你可以誠心相信上帝、神仙教母、薩滿，甚至魔鬼，你都會得到好處，你可以讓自己絕對有把握，這個存在可以幫你處理頭痛、焦慮，或你的實際問題。你有這種信心的時候，就會以這幾種方式受益：

- 首先，你會停止抱怨問題，這件事本身就會幫助你改善。
- 其次，你可能會轉移注意力，不再專注看痛苦和煩惱，因而比較不會感到難受。
- 第三，你可能會平靜下來，因而開始思考有什麼做法會有幫助。
- 第四，你會給身體機會，去使用身體的本身能量，修復身體的病痛。
- 第五，那麼，你或許能更像匿名戒酒會所提倡的，擺脫那個消極的自己，不再只沉迷自己的隨心所欲。

所以，就像我在《心理治療的理性與情緒》（*Reason and Emotion in Psychotherapy*）修訂版中提到的，就算你所選的「高等力量」不可能真的做出很多事來幫你，但你堅定相信這力量做得到，這常常就會讓你感覺更好，這力量也就更有效。

任何宗教或靈性的信仰都會對你有效，只要你堅定的相信。問題是宗教的教條都無法用科學驗證或否證，似乎真正發揮作用、讓你感覺更好的，只有你堅定的信仰。

所以你是否最好拒絕相信，有任何超自然的存在會幫你處理問題嗎？通常是，不過未必如此。我和幾位其他 REBT 的宗教信徒曾經證明過，尤其是心理學家布拉德·強森（Brad Johnson）和史蒂芬·尼爾森，絕對的信念對心理健康是如何的危險，但某些基督教、猶太教和其他宗教傳統，都曾經發展

出合理可行的哲學，跟 REBT 助人的觀點非常類似。例如，猶太基督教（Judeo-Christian）相信上帝接納罪人但不接受罪惡，就跟 REBT 無條件自我接納的哲學類似。自認需要高等力量的支持來幫助他們理性思考的人，抱持這種信念可能會有好處，只要不是用自我挫敗的方式來堅持就好。這樣教條式的宗教就能對你有效。然而這也會有缺點，例如以下：

- 因為你相信的超自然事物，無法真的證明或否定，所以不科學，也因此你很容易就會對這樣的信仰幻滅，當信仰似乎站不住腳的時候，你很容易陷入焦慮和憂鬱。如果你的信仰中有過度樂觀的成分時，尤其如此。例如，如果你認為向神禱告求助，神就毫無疑問會幫助你，那就要小心！你可能是不切實際的在深信：你能運用宇宙裡某些轉變的能量，讓你戒除酒癮或菸癮。或者你選擇的神祇或上師會省去你的功夫，你什麼都不用做，祂們就能讓你的生活更美好。當然了，這些觀點很容易就可以證明是錯的，造成你的幻滅。

- 當你相信，你絕對需要高等力量，來幫你克服成癮或其他情緒問題的時候，你也會覺得，如果沒有這種力量協助，單靠自己沒辦法做到。這當然不是真的：有上百萬人不信任何神、上師或高等力量，卻顯然成功幫助自己減輕了困擾。有許多人因為相信某種力量，而暫時獲得幫助，但他們後來就放棄了這個信念，有時選用更務實的信念，反而帶給自己比

過去更大的幫助。

● 信仰任何神靈、上帝、宗教或超然的力量，本身很容易就會成癮。「忠實信徒」中有很高的比例，對他們宗教和靈性觀點都有強迫的傾向，就如賀佛爾（Eric Hoffer）[2]在幾年前說明的那樣。另外一些虔誠的信徒，就類似法西斯主義、納粹主義、共產主義，還有其他某些無神論的信仰那樣，他們會變得非常狂熱，激烈對抗其他團體的成員或沒有信仰的人，經常會監禁、折磨、謀殺信仰不同的人。這種無法包容、強迫性的行為本身就是種困擾，而且會造成不義和社會的傷害。

● 相信超自然力量或其做法，有時候確實有幫助，但卻會使你遠離本書敘述的解決情緒問題的方法，本書提到的這些方法更深入、更強力、更持久。你之所以能得到這些優雅的解決方法，是透過你自己的想法、感受和行為，而非經由外界的力量。因此，你幾乎能掌控自己情緒的前途。你可以自己選擇任何方式，去對抗逆境或是討厭的促發事件，你也可以讓自己健康地遺憾、後悔或受挫，而不必受到嚴重的情緒困擾。

2　賀佛爾（Eric Hoffer，1902-1983）是美國作家，作品以政治現象、社會心理為主。文中「忠實信徒」原文為 true believers，賀佛爾的名著便是以此為名，中文書名為《群眾運動聖經》。

從上述原因就可以了解，依靠宗教或靈性的協助，有其明顯的限制。這種方法有時候對你會很有效，如果你只願意選擇這條路，就儘管去。但如果要走向情緒健康和自我實現的大道，你還有其他更優雅的路可走。考慮一下吧！

同時，如果你想維持你的宗教信仰，你也可以在其中找到有效的理性哲學觀。布拉德‧強森和史蒂芬‧尼爾森是信仰上帝的 REBT 實務工作者，他們就指出，宗教的哲學觀也包含了自助的信念，像是寬恕自己和他人；接受你無法改變的事，同時努力解決你可以改變的事；學會以和平的方式跟他人共處；並且接受，在你做任何決定時，你都有一定程度的自由意志。

深入了解你的困擾和不足

雖然在幫人處理情緒問題這方面，精神分析有它的缺點，卻還是很受歡迎。這種療法或許會讓人花費大量的時間和金錢，得到的結果卻比不上目前為止其他任何的方法。為什麼呢？因為大家喜歡領悟或了解所謂「困擾的成因」，而且他們喜歡沒完沒了的談論自己。他們也愛把自己對公開演說的恐懼，怪在「重新回憶起」幼年被性虐待。

精神分析的領悟是否真的能解釋，你是如何成為現在的樣子、又如何發展出這些主要的困擾呢？我受了六年精神分析的訓練，在我生涯初期又應用了六年，我會說：「幾乎沒辦

法。」這種療法有時會深入的「解釋」，你的幼年是如何受到父母及其他重要他人影響，這些依附關係在今日又怎麼嚴重的影響你。這些東西大部分很有趣，有些也是真的，因為你還是孩子的時候非常容易受暗示，確實會接受許多標準和價值觀，到現在還保留了其中一些。因此，你以前是（現在也是）會受影響的。沒錯。

但是標準、目標和價值觀本身不會造成你的困擾，就算你這些大多沒有達到，也一樣。就像我一直反覆說的，你對這些標準的必須和要求，才是主要的罪魁禍首。不管你有多想要父母的愛、社會的讚許，還是物質上的滿足，你都不必堅持「自己絕對必須要擁有、沒得到就是可怕的事」。別人主要是教你這些東西非常值得擁有，不完全是教你「絕對必須要擁有，不然你的世界就會終結」。這種必須只有部分是別人教你的。

在你學會、遵守、保留的這些事物中，你有一些選擇。你可以像許多人一樣，不理會你學到的「正確」的標準。你也可以像更多的人那樣，接受這些價值觀、相信、常常遵守，但不把這些價值觀變成極端的需求。你也可以把個人強烈的欲望，例如想要某種食物或某個人的愛，轉變成「極端的需求」，就算你的家庭和文化並沒有鼓勵你去要求「絕對要實現這些個人目標」。

這一切都證明：了解你的希望、需要、標準和價值觀這件事很有趣，就情緒問題而言，在某些方面也很重要。但是通常

幫助不大！更重要的是，從 REBT 的立場來看，了解你的必須和要求，在你面對承受情緒困擾、以及如何改變這些方面，才扮演了關鍵的角色。這正是你在本書中一直在學習的東西。REBT 讓你了解，你特定的要求是什麼；這些要求看來又有多不切實際、多不合邏輯、多不可行；你又要怎麼用實際、合理、可行的偏好來取代。

你的必須是怎麼來的，這也很有趣，但是通常不怎麼重要。你有許多的欲望或許是在長大的過程中接收的。例如，父母師長告訴你，最好要表現良好，贏得他人讚許，而你同意了。但後來你強加上了自己的解釋，逾越了父母的期望，認定你絕對必須要表現良好。或者發展出了一些自己的強烈欲望，而輕易將這些欲望轉變成自大的命令來要求自己，這有部分是因為你天生就有浮誇的傾向吧。

你到底是怎麼學會用必須來自我要求，這重要嗎？或許吧，除非你要寫自傳。如果你想要了解，那就去回顧過往，有辦法的話就去找出原因。如果沒辦法，也沒什麼大損失。只要你能發現主要的必須是什麼，這些必須又是如何助長你造成自己的困擾，以及你要做些什麼才能改變這非理性的必須，這樣就夠了！

回到當下吧！不管你困擾的原始來源為何，你「現在」就是在苦痛之中。你「現在」要做什麼才能減輕呢？回到 REBT 領悟的第一、二、三項吧！要去了解，並且使用。以下再次列

出，讓你快速複習：

一、「我不是被外在的人事物困擾，主要是我自己在困擾自己。」

二、「不管我是何時、如何開始因為逆境困擾自己，我今天還在繼續這麼做。」

三、「只是領悟，還不夠。唯有大量的努力和實踐，才能幫助我改變自我挫敗的想法、感受和行為。」

提升自我效能感與自尊

有兩種方法是治療師廣泛在使用的，但各有其限制和風險，分別是**增進自我效能感**以及**增進自尊**。自我效能是由班度拉和他的學生推廣與深入研究的一個詞。這個詞等於我在 1962 年所說的「成就信心」，意思是，當你看到自己可以把某些事做好，例如彈鋼琴或算數學，你就會有高度的信心，覺得你有能力再次做到。就如許多實驗所顯示的，如果你有自我效能感，那在某些生活中的活動上，你的表現通常會比沒有自我效能感時來得更好。所以這相當有用！

然而，當你認為自己某些事做得好，但實際表現其實很差的時候，你也會獲得錯誤的自我效能感。奇怪的是，雖然錯誤的信心事實上可以幫你把工作做得更好，但也可能導致幻滅、

信心更低，和自我貶抑。因此，要得到好的自我效能感，方法是練習、練習、再練習。接著，你就可以做得很好，而且知道你做得到。

自我效能感通常也會形成自尊感，這很危險，而且通常對你的心理健康會有一定程度的毒害。怎麼會這樣呢？因為你擁有高度自尊的時候，你評斷的是你的自我和你的本質，再加上你的表現。你會告訴自己，「因為我做了這件重要的事，像是數學、運動、社交、愛情，或是其他任何事物，所以我就是個很棒、很有能力的人！」自我感覺良好啊！

不幸的是，自尊也包含了反面：自我輕視或自我厭惡。「因為這件重要的事我做得不好，所以我就是個既不好又無能的人！」這種想法會讓你變成怎樣？憂鬱而焦慮。表現不好的時候，你就會憂鬱；害怕自己可能搞砸事情的時候，也會焦慮。因為你永遠是一個會犯錯、不完美的人，如果你一直抱著自我輕視的哲學觀，很容易長年陷在焦慮和憂鬱之中。

自尊是一種良好的感受，但也非常脆弱。其反面則是自我貶抑，這會製造大量的焦慮和憂鬱，進而毀掉你的自我效能感。所以，偶爾要為自己的所作所為鼓鼓掌，但不要針對你的自我或本質隨意評斷。相反的，要去追求我在本書中一直倡導的無條件自我接納。這才是更深入、更優雅的解決之道。

Chapter 11

做情緒的主人：
重新架構你的「感受」

如果你想要改變你的感受和行為，那最快、最好的方法，就是改變你的想法。這是你的感受，是你創造的。所以你永遠都有能力改變。

在我十幾歲的時候，帶領我走入哲學的是威爾斯（H. G. Wells）、托爾斯泰（Tolstoy）、屠格涅夫（Turgenev）、杜斯妥也夫斯基（Dostoevsky）、辛克萊‧路易斯（Sinclair Lewis）、厄普頓‧辛克萊（Upton Sinclair）、西奧多‧德萊賽（Theodore Dreseir）等大師的小說，還有易卜生（Ibsen）、蕭伯納（Shaw）、契訶夫（Chekhov）、史特林堡（Strindberg）和奧尼爾（O'Neill）等名家的戲劇，還有其他發人深省的劇作家。不久後，我就開始在自己身上使用哲學的

觀念，來克服我天生容易焦慮、缺乏安全感的傾向。

　　一開始，我允許自己接受一些古代和現代哲學家的引導，還有幾位心理學家的領路，他們指出，**如果你想要改變你的感受和行為，那最快、最好的方法，就是改變你的想法**。對我們某些人來說，這點有時是對的，包括我在內。然而，我第一次使用古代和現代哲學，來處理我的情緒狀況時，這種做法引起了我極大的興趣，努力把自我挫敗的想法轉變成有正面成效的想法，讓我非常享受，我深感這個做法出奇的簡單。或許解決問題就是我的天賦。簡單啊！

　　但對我絕大多數的案主而言，就不是這麼容易了。我在1943 年開始從事治療（1947 年我轉向從事精神分析之前）的時候，我的治療風格是很主動指導的，把過去我從廣泛的閱讀與利用哲學克服自己的焦慮過程之中，學到了很多合情合理的觀念，毫不遲疑就運用在治療中。

　　成效很好啊！我在 1955 年一開始進行 REBT 時，很快就發現，大多數的案主都同意他們有非理性信念，而且他們最好將其轉變成理性信念。然而他們常常強烈而堅定的堅持非理性信念。就算他們說：「對，在重要的案子上，我不必都要取得成功。」當下也只是稍微認同這個理性信念而已，因為他們同時又打從心裡堅定相信：「但是我真的得這麼做！」身為人類（真是太有人性了！[1]）的一分子，他們很容易同時抱持兩種

1　原文 all too human 源自尼采的經典著作書名《人性的，太人性的》（*Human, All Too Human : A Book for Free Spirits*）。

矛盾的信念。然而，其實他們比較強烈相信自己的非理性信念，並大多依此行動。

好吧！我可以做什麼，來幫助我那些還在受困擾的案主呢？很明顯：想辦法誘導他們**堅決地**駁斥他們的非理性信念，以及**強力地**肯定理性信念，直到他們真的削弱前者、強化後者為止。簡單吧，可是不容易！

我也了解到，輕微的偏好（我不喜歡你對我說謊）通常會導致輕微的情緒（例如輕度的敵意），而強烈的要求（我討厭你對我說謊，所以你絕不能說謊！）常會造成自我挫敗的情緒，例如極度的怒氣。所以，我創造及修改了一些有效處理情緒的方法：**激烈的認知與感受**。現在很多 REBT 實務工作者都常使用這個方法。

你可以用這些方法，來削弱你的非理性信念、增強理性信念。在本章中，我提供了一些最好的方法。

使用強力因應的自我陳述

你可以創造一些跟我在第九章中提到的理性因應自我陳述類型的東西，強力對自己暗示，直到你說服自己、而且真實感受到其中的訊息。例如：

合乎現實的強力自我陳述：「不管我有多麼偏好我想要的東西，也永遠、永遠不是一定需要！」、「如果我一直強迫自

己去經歷戒斷的痛苦，我就可以戒癮！」

合乎邏輯的強力自我陳述：「就算我幾段感情都失敗，也不表示我一定會再次失敗。不，我不必如此！我會擁有成功的感情！」、「如果我這份工作很努力，我或許會得到老闆的讚許，但老闆不一定就必須要因此稱讚我、給我加薪！這些事情沒有關連！」

實際可行的強力自我陳述：「要求我的朋友絕對必須借錢給我，只會讓我焦慮和生氣。對，真的很焦慮。而且非常生氣！我希望最好有人借錢給我，但不能要求。」、「如果我讓自己相信，我絕對需要有好天氣，好讓我明天可以打網球，那我會得到什麼呢？什麼都沒有！只會極端焦慮和憂鬱，而我的焦慮和憂鬱一點都不會影響天氣！」

如果你清楚地複誦這些因應的自我陳述，不管是大聲念還是在腦海中低喃，而且如果你有認真去思考，證明這些理性的自我陳述有多正確，那比起隨便唸一會兒，更可能讓你深信，而且依此行動。要注意，REBT 因應的陳述所使用之有效的新哲學觀（E's），同樣來自於你對非理性信念（IB's）的駁斥（D）。所以，比起不合乎現實的正向思考，這些陳述會更正確。

使用理情心像

REBT 會使用幾種心像的方法,因為想像是強力的思考與情緒過程。小馬西・馬爾茲比[2]是一位理性行為療法的精神科醫師,與我從 1960 年代就一起研究理情行為,在 1971 年發明了理情心像(Rational Emotive Imagery, REI)。我發現理情心像是很有效的認知情緒方法,因此我試著加以修改,使其更具情緒的成分,二十五年來,已成功運用在數千位案主、以及數百位工作坊的自願者身上。

接著,就讓我來舉例說明,我是如何對個案馬提使用理情心像技巧的。他是一位三十五歲的技工,因為飲食過量、體重超重二十三公斤,而極為羞愧。在我們前幾次的晤談,我們發現當他把蛋糕、糖果塞進嘴裡的時候,當下的他堅信:「我一定不能少了這個美味的東西!我受不了這麼恐怖的挫折!如果被飢餓折磨,人生就不值得活了!」

等到馬提把肚子塞得滿滿,意識到自己的體重又要增加了,他就會這麼打擊自己:「看我做了什麼好事!又大吃大喝了!我應該要學乖一點,可是我沒有!我真是白痴!我討厭自己。」

馬提跟我都同意,他有這些信念,這些信念並不理性,他

2　小馬西・馬爾茲比(Maxie Maultsby Jr.,1932-2016),美國精神科醫師、作家,理性行為療法(Rational Behavior Therapy)的創始人。

其實可以、而且最好放下。但是他沒有。他只是輕微地認同：「就算我餓了，也不是一定要吃；我大吃大喝真的很蠢，但是這樣也不會讓我變成愚蠢的爛人！」所以他才會繼續過度飲食，繼續詆毀自己。

因此，我便使用以下這種方法，對馬提使用理情心像：

「閉上眼睛，想像最壞的可能：你一直不停地吃蛋糕糖果，每週都多個幾公斤。你答應自己要停止，可是你沒有。如果可能的話，你在用餐時和兩餐之間還會吃進更多食物。你的家人朋友都厭惡你愚蠢的行為。你可以鮮明地如此想像嗎？」

「喔，可以，很容易。」

「想像自己大吃這些額外、不需要的食物時，你內心的感受、真正的感受如何？」

「很糟糕！完全就是個懶惰鬼，一個軟弱，真的軟弱，又可鄙的人。非常憂鬱。」

「好。我想，你真誠地碰觸到了你的感受。那就真正的持續感受。感覺到低落、失望、憂鬱，完全是個討厭的人。專注在你惡劣的感受上。」

「喔，我真的感受到了。非常憂鬱。完全就是一個沒用的可憐蟲！」

「很好！深深地感受，深深地感受。現在你覺得這麼的低落、這麼憂鬱，保留『你愚蠢大吃』這個心像，不要改變。但是你在描繪的同時，也要處理你的感受，你做得到的，來把這

些低落憂鬱的感受轉變成健康的負面感受。現在，保留同樣的心像，但是只對這個自我挫敗的行為感到遺憾和失望。只要遺憾和失望就好，不要憂鬱，不要真的像可憐蟲。」

「我真的做得到嗎？」馬提問道。

「當然可以。**這是你的感受，是你創造的。所以你永遠都有能力改變。**試看看！」我回答。

這過程中，他明顯在與自己對抗，沉默了兩分鐘之後，馬提回答：「好了，我做到了。」

「你現在覺得？」

「遺憾，非常遺憾。也對我做的事、對我這樣大吃大喝的行為，覺得很失望。」

「有感受到憂鬱嗎？」

「不，沒有。我感到悲傷，但不是憂鬱。」

「很好！非常好！你做了什麼來改變你的感受？」

「我對自己說話，就像我們之前討論過的那樣。但是這次我的語氣更堅定了，因為我必須對抗憂鬱的感受。所以我對自己說：『你又犯錯了，真可惜。又毀了。真愚蠢啊！但你不是個十足的白痴。只是個會犯錯的人，有時候行為很傻。真可惜，但你還是不錯的人。』」

「很好。你能這麼想真的很棒。只讓自己覺得遺憾和失望，而不是憂鬱，這樣會有用的。接下來的三十天，每天要做一次這個練習，你可以繼續感受遺憾與失望，直到你開始自動

對自己的行為感受到失望，而不是因此而譴責你自己。這樣做，一天只會花上你幾分鐘的時間，但你很快就會看到，你會得到什麼好效果。」

「一天一次？」

「對，每天。一天一次，直到你只要想到自己愚蠢地大吃大喝，或甚至你真的在狼吞虎嚥了，就已經訓練好自己自動感受到遺憾和失望，而不是像個低劣的懶惰鬼或是可憐蟲。」

「那就太好了。」

「對，會的。現在你是否願意跟自己約定，每天做一次理情心像，直到你能感受到健康的遺憾，而不是不健康的憂鬱？」

「好，我同意這樣做。如果我沒有堅持下去，那會怎樣？」

「你可以用增強法，或是操作制約（operant conditioning），來幫你撐下去。我來教你。有什麼事是因為你喜歡，所以你真的想做，一個星期中幾乎每天都會做？」

「打乒乓球吧。我真的很喜歡打球。」馬提回答。

「好。接下來的三十天，你只有做完理情心像、改變了感受之後，你才可以打乒乓球。那時候你想怎麼打就怎麼打。」

「那如果我一早就想打呢？」

「先做完理情心像再打。這只會花你幾分鐘。」

「那要是，我還是逃避執行理情心像呢？」

「那你也可以給自己設定懲罰。」

「例如說？」

「嗯，有什麼事是你討厭，所以會逃避去做的？有什麼工作或雜務是你真的很討厭，可以當懲罰的？」

「清理浴室如何。我討厭那件事。」

「可以。如果你接下來這個月的任何一天，睡覺時間到了，卻還沒有做理情心像、改變你的感受，就要自己清理浴室一小時。如果你做了，那天就不用清理浴室。可以嗎？」

「好。我很確定，這個懲罰有助於我去完成理情心像。」

「肯定會的。」

馬提真的執行到底了，而且偶爾才必須用增強或懲罰來幫助他。連續使用理情心像二十二天之後，當他鮮明想像自己暴飲暴食時，真的自動開始感受到遺憾與失望。在他真的大吃蛋糕糖果的那天，也真心感到遺憾與失望，但他沒有貶低自己，而是馬上回到不吃多餘蛋糕糖果的飲食狀態。

所以，如果你有困難，沒辦法相信自己的理性因應自我陳述，就自己試試看理情心像。努力把你不健康的負面感受轉變成更健康的感受。你有什麼想法，就大致有什麼樣的感受。所以你要改變一些自我陳述，來把你的焦慮、憂鬱和憤怒降到最低。想法進步了，感受就會更好。**你的情緒前途可以由你掌控。**

使用克服羞愧感之練習

　　我在 1940 年代初期，一開始從事心理治療之後沒多久，我就明白，羞愧感是許多人類困擾的本質，但不是全部。你對自己所做或沒做的某件事，覺得羞愧、尷尬或難堪的時候，你就先觀察到：你做錯事了，是別人會批評的事。但就算如此，你還是可以告訴自己：「很遺憾我行為不好，別人因而批評我。但我不必把我錯誤的行為、或他們的批評看得太重。我下次會努力做得更好。」如果你這樣想，你就不會覺得羞愧，而只是感到遺憾與後悔。這樣你就能有健康的想法與感受，而沒有嚴重的情緒問題。

　　然而，要感受到深深的羞愧，你也是在這樣告訴自己：「我絕對不應該做出這樣的事！太可怕了！我這樣做，真是個爛人，應該受到別人譴責！」要讓自己因為你的「可恥行為」只感受到遺憾與失望，你可以放下「用必須自我要求」，回到希望（而不是要求）行為更好。對，是希望。

　　然而，在你做出「錯誤」、該受責備之事的時候，由於你可能有強烈的傾向，持續讓自己感到不健康的羞愧，所以我在 1968 年發明了克服羞愧感之練習，透過提供你情緒與行為的練習，來克服強烈的羞愧感。因此，練習是主要的情緒方法之一，幫你達成無條件的自我接納。

　　以上三段介紹過這種方法的要點之後，以下我就來解釋克

服羞愧感之練習，對我的演講和工作坊的聽眾來說，這種方法現在已經很有名了：

「想想你可能會做，而你個人覺得羞愧、愚蠢、荒謬、難堪或丟臉的事。不是你因為好玩才做的事，而是如果做出來，真的會感到非常羞愧的事。當然，不是會傷害別人的事，例如打別人耳光。也不是會威脅到你的事，例如告訴你的老闆或上司他很沒用。更不是會害你坐牢的事，例如侮辱警察。你要想像的事，應該是你做了會感到羞愧，別人將因此數落你，但不會讓你或任何人惹上真正的麻煩。」

「現在這個練習有兩個重要的部分。首先，這個克服羞愧感的練習要常常——公開練習。其次，做這個練習時、或結束之後要處理你的感覺，不要覺得羞愧。或許只要對你可恥的行為感到遺憾或失望，但是不要羞愧，不要自我貶抑，不要像個卑微的人。」

「你可以做什麼？再說一次，任何你平常做了會覺得羞愧的事。我們在理情治療學院的案主常做的事之中，最受歡迎的一些有：在地鐵或火車上大聲喊出站名、跟陌生人說『我剛從精神病院出來，想知道現在幾月了』，或是拿牽繩遛香蕉，再拿另一根香蕉餵它。」

好。認真想想。試試看這些克服羞愧感的練習，或是任何一種你做了會覺得丟臉的事。做一種以上的練習，努力「不

要」覺得羞愧或尷尬，你就會帶給自己很大的幫助！

如我之前所說，有上萬的 REBT 案主和讀者都用過克服羞愧感的練習，來幫助自己減少他們的自我貶抑。試試看吧！

使用 REBT 的角色扮演

REBT 還借用了角色扮演（role play）的技巧，這原先是由莫雷諾（J. L. Moreno）發明的，因雷蒙‧科西尼（Raymond Corsini）及其他人而普及。但在 REBT，我們加上了一些獨特的部分。

你可以先在行為上使用這個技巧，找親戚朋友扮演面談者、上司、老闆、老師，或是任何會讓你表現有問題、或會焦慮的對象。你的搭檔可以故意在面談的時候讓你不好過，而你要盡力適當回應。談過一段時間後停止角色扮演，要求你的搭檔，最好還有其他觀察者，來評論你的表現。討論並示範如何改善，持續練習直到你變得更好為止。這是一種行為的演練，通常效果非常好。

REBT 在這個角色扮演中「外加」的部分，就是要留意你在表現的過程中，你是否變得焦慮、憂鬱或生氣，那時要暫停角色扮演，讓你、你的搭檔和旁觀者去發現，你到底在想什麼，造成你的煩躁。找出造成煩躁的非理性信念，予以駁斥，努力把這些信念轉變成能把煩躁減到最少的「有效的新哲學

觀」。加上 REBT 的這個元素運用，你的角色扮演就會增加額外的情緒層面，比平常的駁斥更有體驗的效果。這種形式的角色扮演，有助於立刻帶出部分困擾的感受，如果不這麼做，你可能也不會冒險去體驗。這樣做，也有助於你在情緒出現時當下就處理，而不是只能處理那些在晤談結束後才出現、或過去體驗到的情緒。

互換角色扮演

如果你很難把不健康、非理性的信念，**轉變**成比較健康的理性信念，你可能會想跟朋友或同事試試看互換角色扮演。如果你要練習，就告訴搭檔一種你的非理性信念（IB's），例如：我絕對需要約翰（或瓊安）來愛我，沒有他（或她）全心的愛，我就一點也沒辦法享受人生！」

接著，你的角色扮演搭檔必須採用你的非理性信念，強力而頑固的堅持著。不能鬆懈！一旦你的搭檔拒絕在這過程中讓步，這將給你很棒的練習，讓你能積極而猛烈的駁斥你自己失常的信念。在你練習非常用力而堅定的駁斥的時候，就真的能了解你某些瘋狂的想法是什麼樣子，觀察到你是如何堅定而荒謬的緊抱著這些想法，從中學習到最後你要如何放下。再說一次，就像在行為練習時一樣，角色扮演的搭檔，或許還有一些旁觀者（如果你是在團體的情境中進行），要評論你駁斥搭檔

的非理性信念（其實是你自己的）的方式，建議更有效的駁斥方法提供你使用。

保持幽默！拒絕把事情看得太認真

認真看待事情，尤其是發展出令你重視、不可或缺的濃厚興趣，專注投入某項主題、嗜好或活動，或許會讓你更享受生活。然而，如果你把事情看得太過認真的話，就不是這樣了！困擾，大多在於賦予事物重要性，然後把這重要性大為誇大，不知不覺變成了「應該要……」和「必須要……」。例如，如果你說：「我非常想要在科學上或藝術上表現良好。」你就會促使自己去好好表現，做事的時候專心投入，或許就會讓你成功。但如果你跳到：「我在科學或藝術上絕對、必須要表現良好！」你就會讓自己為了沒有成功而焦慮，或許表現相對就比較差。就算你表現良好，你也會接著擔心未來表現變差，而你也不會因成就獲得樂趣。

幽默可以幫你處理過度認真的「用必須自我要求」。幽默會減少想法的嚴重程度，讓你明白，你可以把失敗付之一笑，而且指出成功和受他人讚許還是很重要，但不是至關緊要。失敗或被拒絕的時候，幽默感不會讓你看到世界末日，而是世界還沒終結，你還有其他有趣的可能性可以追求。如果有什麼能削弱你的浮誇想法，讓你回到「我是個會犯錯，但還可以接受

的人類」的認知，那幽默可以幫你辦到這點。**幽默會嘲笑你的缺點，但是，是以接納而寬容的方式。**

因此，看待你所想或所做的蠢事，要看事情的另外一面。太過努力，就無法從努力的過程得到樂趣，要了解這其中的諷刺。要了解，把事情看得太過認真是愚蠢的，不管是你自己的錯誤、是別人的失敗、是別人沒有好好照顧你，或甚至是你愚蠢地給自己帶來的不必要痛苦。

尤其要嘲笑你的完美主義。身為人類，你就是不會完美，嗯，或許偶爾某些特定的工作可以啦。但是要極力追求持續的完美，就是把事情看得太過認真，而這樣想實在很可笑。

相信你可以改變別人（通常你做不到），又同時堅持你改變不了自己（如果你有努力的話，這是你常常做得到的事），想想這有多諷刺。

我從十五歲起就開始寫歌，我看到大多數流行歌的歌詞都蠢得可以，更別提過分樂觀了。你對某小姐或某先生熱烈的愛不會持續到永遠，他們也不會瘋狂的愛你直到永恆。

你所愛的人離開你（或不幸過世）的時候，你的餘生可能都會記掛著他們或是愛著對方，但是你最好不要愚蠢到去自殺，就像數不清的歌曲都告訴你，你應該自然而然想這樣做。愛與性，或許真的是你在這世上最棒的東西，至少有一陣子是如此。但其實沒有這些事，也不會讓世界停止運轉。人生真的還有其他美好的事物，有許多很好理由值得你活下去，為自己

與他人的幸福作出貢獻。

　　從 1943 年起我就發現，對案主的一些非理性信念開玩笑，而不是嘲笑抱持這些信念的人，常常能幫助到他們。尤其是每週我在幾個 REBT 治療團體時間中，我發現，當我對幾個案主的問題開開玩笑，讓他們盡可能感到幽默，能讓團體時間更輕鬆，也幫助他們了解自己是如何誇大了許多事物的重要性。

　　1976 年，在華盛頓特區舉辦的美國心理學會之年會，我發表了一場關於幽默與心理治療的演講。我決定要在報告過程中，加上我的一些理性幽默歌曲，而且錄了一些要公開波放。哎，沒想到我的錄音機壞了，所以我只好得現場演唱，用我糟糕透頂的男中音。令我驚訝的是，儘管我唱得不好，但這些歌表現得極為順利。從那時候起，我開始把這些歌曲加進我大部分的演講和工作坊裡。在艾里斯學院的心理診所，我們會送給所有新來的案主一張歌曲清單。他們焦慮的時候，就可以對自己唱首抗焦慮的歌，憂鬱時唱首抗憂鬱的歌等等。

　　以下有幾首理性幽默的短歌，你對生活中各種事物太過認真的時候，可以使用。

〈抱怨，抱怨，抱怨！〉

旋律：〈威芬普夫斯之歌〉

作曲：蓋伊·史卡爾（Guy Scull）[3]

我無法達成所有的願望——
抱怨，抱怨，抱怨！
我無法讓每個挫折都平息——
抱怨，抱怨，抱怨！
我欠缺的，生命都該給我，
命運必須賜我永恆的幸福！
因為我必須退而求其次——
抱怨，抱怨，抱怨！

〈完美的理性〉

旋律：〈登山纜車〉（Funiculi, Funicula）

作曲：路易奇·丹薩（Luigi Denza）

有人覺得這世界必須有個正確的方向，
我也一樣！我也一樣！

---

3 原文書歌名是〈Yale Whiffenpool Song〉，疑似作者誤植，這首歌的正確名稱是 The Whiffenpoof Song，是耶魯大學阿卡貝拉合唱團體威芬普夫斯（The Whiffenpoofs）傳統的閉幕歌曲。

有人覺得，有一點點的不完美，

他們就過不下去了——我也一樣！

因為我，我要證明我是超人，

比別人要強很多！

要證明我有不可思議的敏銳——

要永遠被世人評為偉大人物！

完美，完美的理性。

當然，是我唯一重要的事！

如果活著一定容易犯錯，

這人生我又會怎麼想。

理性對我必須是完美的！

▌愛我，愛我，只能愛我！

旋律：洋基歌（Yankee Doodle Dandy）

愛我，愛我，只能愛我！

沒有你，我會死！

喔，要讓你的愛成為保證，

我才不會懷疑你！

愛我，全心愛我——真的，真的要努力，親愛的。

但如果你也要求愛，

我到死都會恨你，親愛的！

愛我，一直愛我！

全心全意！

我的人生會變成爛泥，

除非你只愛我一人！

用極大的溫柔愛我，

沒有如果和但是，親愛的。

如果你少了愛我一點，

我就會恨你那該死的心腸，親愛的！

〈你是我的，我還是我的〉

旋律：雙人茶會（Tea for Two）

作曲：文森‧尤曼斯（Vincent Youmans）

想像你坐在我腿上，

你是我的，我還是我的！

你就會看到，

我有多快樂！

就算你哀求我，

你也永遠得不到我！

因為我自閉，

而且真的很神祕！

我跟自己，

也只有大吵大鬧而已，親愛的！
如果你膽敢關心我，
你就會看到我的在乎快速消逝。
因為我不想成雙成對，公平分享！
如果你想成家，
我們都要同意你得縱容我──
你就會看到我會有多快樂！

▌我希望我沒瘋！

旋律：迪克西（Dixie）

作曲：丹·埃米特（Dan Emmet）

喔，真希望我沒有支離破碎──
像漆皮一樣光滑細緻！
喔，有人說我天生鎮定的話多好！
但是我害怕我命運如此，
就是有些畸形──
喔，跟我父母一樣瘋狂真是傷心！
喔，我希望我沒瘋！好耶，好耶！
我希望我的頭腦別那麼走樣，
變得那麼渾沌迷茫！
你看，我能同意，不要那麼瘋狂，

但天啊，我就是該死的太懶惰了！

作詞：亞伯特・艾里斯博士
©by Albert Ellis Institute, 1977-1990

重新架構情緒困擾的 ABC

人類的知覺、思考、感受和行為都有其限制，不會一直都是一開始看起來的樣子。面對發生在我們身上的事，我們都會不自覺加上自己的思想和哲學觀，而造成偏見。我們通常不會正確的意識到我們的感受。我們在不同的時候，甚至會用不同的方式來看自己的行為。如果你只觀察任何重要審判的證詞，就會發現相對的律師、證人，還有一些陪審團，彼此看到的事件輪廓都相當不同，而且從這些證詞中，幾乎不可能發現所控罪行的「真正」細節。

所以，當你因為某件事而情緒上受到困擾的時候，對於你怎麼看待困擾的 ABC，你最好保持懷疑。以 A 為例，A 通常是違反你利益的促發事件，是某種逆境，例如失敗、缺少讚許，或是有不舒服的感受。在不同觀看者的眼裡，逆境通常大為不同。如果你某堂課拿到不及格的分數，你通常會把這件事視為失敗。你也可能會認為你成功了，因為你能上完課，期末考有幾題答對，而且就算你被當了，你依然學到了很多新知

識。如果你另一堂課拿了八十幾分，你可能會視之為「恐怖的失敗」，因為你應該要拿到九十或一百分。

逆境（A's）的評估特別困難，因為你會給逆境加上偏見。假設你強烈渴望有個孩子，而你和伴侶到目前都還無法生育，你生孩子的機會渺茫。你可能認為這個「事實」是絕對的，認定你永遠不可能生（或讓你的伴侶生）孩子。但你真的取得了所有的資料，證明過懷孕是完全沒有機會、有一點機會，還是相當有機會發生呢？

就算你確定知道你和伴侶不孕，那你是否必須認為這件事是「完全的」損失呢？你能不能把這件事看成只是比較大一點的、或只是個一般的損失呢？對於認養孩子的可能，你認為是好還是壞，或是完全不感興趣呢？你是否能在固定會接觸到孩子的場合工作，例如幼兒園？你從親戚朋友的孩子身上，能否得到相當的樂趣呢？

很明顯的，你可以**選擇**你要如何認知和評估生活中的逆境。所以，當你因為這些事覺得焦慮、憂鬱或憤怒的時候，要仔細看看這些事的發生「實際上」有多重要。要了解你是否能**改變**這些逆境，如果無法達成，你又可以得到哪些好的替代方案。你也可以重新架構（reframing）你對逆境的**看法**，了解到這些事其實**並不如**你之前認為的那麼壞。

碧翠絲很想成為註冊會計師，但是資格考試一直考不過，她因而認定自己永遠辦不到了。她一開始覺得崩潰，想要放棄

會計，又因為這個可能性而嚴重憂鬱。於是，我便幫助她檢視她的逆境，看看她是否真的不可能通過會計師考試。很明顯的，不是不可能，因為她有資格再次參加考試，也有可能通過。

如果碧翠絲沒有成為註冊會計師，她認為自己就做不好會計師的工作了。但她表現已經不錯了，而且不管她有沒有拿到註冊會計師資格，她現在的公司都願意讓她留下來。

碧翠絲也認為，如果她放棄會計，就找不到別的好工作了。但是我們想到，她還有好幾種相關的工作選擇，例如保險精算師。我們一開始晤談過幾次後，碧翠絲對生活中的逆境看法就改變許多了。這些逆境不再像她起初認為的那麼絕望了。

後來我們再回頭檢視她的信念（B）：「她相信她絕對、必須要拿到註冊會計師的資格。」她很快就明白，拿到資格不是必要的。她還是可以享受會計工作，沒有成為註冊會計師也可以賺不少錢。

靠著我的幫助，碧翠絲也檢視了她的結果（C）：她對於沒有成為註冊會計師，而產生的憂鬱感受。這些感受自然不好。但是她因為憂鬱而使自己更憂鬱，造成這些負面情緒更加嚴重，因為她一來沒辦法當註冊會計師，二來又憂鬱，所以說服自己，她是個沒價值的人。她重新檢視她的憂鬱時，發現這狀況確實不幸，但是她不需要因為經歷這種事而貶低自己。所以她在憂鬱的時候，還是努力練習無條件自我接納，而她做得

非常好，慢慢放下了因她的憂鬱而造成的憂鬱，還有因為沒成為註冊會計師造成的憂鬱！

　　碧翠絲的案例顯示，你可以重新架構你所感知到的逆境（A's）、對逆境的信念（B's）、還有受困擾的情緒結果（C's）。你當然可以變得過分樂觀，甚至讓自己因為遭遇到的逆境而「快樂」。但這樣有其危險！往好處看，你可以把這些逆境視為待處理的挑戰，就這層意義而言，甚至可以因為這些事情發生而有點開心。碧翠絲考了幾次註冊會計師考試沒通過之後，終於學會把「找到以後可以考過的方法」當成挑戰，還有把「如果永遠考不過，也不要讓自己憂鬱」當成另一個挑戰。而她如果決定要找一些其他更適合的工作，她也會把這個狀況視為一種邀請。

　　你也幾乎可以把各種逆境變成挑戰，要征服、要去除、要改變，或在找不到可行的方法擺脫時，成功與它們共處。如果你有仔細尋找，幾乎所有逆境都有一些優點。例如，沒有成為註冊會計師也有好處，碧翠絲的生活就有更多的時間和精力享受其他活動。感情失敗了，你能重獲自由，談一場新的戀情。失去工作，你就有機會找到下一份更好的工作，甚至是做好準備，從事更有趣的工作。被新認識的人拒絕，好處是遠離不喜歡你的人，而且很快就能擺脫這個人！

　　有人在 A 點（促發經驗）對你很差、很不公平的時候，你也可以檢視他們這樣做的意圖和動機。他們真的是有意要困

擾你，或者他們只是全神貫注在自己的利益上？他們真的認為對待你的方式不公平，或者他們認為自己的舉動公平公正？他們是否真的有能力好好待你，或者他們只是不會處理，很難做到公平對待的標準？仔細檢視這些可能性，你可能還是會覺得他們的行為不恰當也不公平，但不用去編造他們可能有什麼邪惡的意圖。

例如碧翠絲認為，她上次考註冊會計師之前的幾個月，為了多點時間讀書而要求老闆減輕一些會計工作，但老闆不肯，她覺得這樣非常不公平。她因為老闆的不公平而非常生氣，直到她重新想過，才了解到老闆和公司有經濟上的困難，付不起她要求的休假時間。了解到這點後，她就不生氣了，也不再執著老闆對她「很可惡」，因而更能認真讀書。

如果你追求優雅的方法（REBT！）來解決你的情緒問題，你就會了解，你最大的挑戰就是——拒絕因為任何發生的逆境困擾自己。你可能會發現，較小的不幸事件發生時，你比較能輕易拒絕讓自己陷入焦慮或憂鬱。但如果你真的要努力讓自己更不容易受困擾，你可以事先想像重大的逆境，例如失去真的很棒的工作，或是有近親過世，並接受這個挑戰，讓自己對這個惡劣的情況非常失望或遺憾，但絕不是極度憂鬱。如果你能讓自己真的相信，不管你有多悲傷，人生也沒什麼事情是絕對很糟糕的，那麼，「拒絕困擾自己」就可以成為你活在這世上的關鍵態度。你可以利用這類的挑戰，幫助你避開不必要

的痛苦，同時也把應付這個挑戰變得有樂趣。

REBT 有一種很棒的方法，可以重新架構發生在你身上的不公不義——去檢視當別人對你不好的時候，他們可能抱持的非理性信念。如前所述，碧翠絲認知到老闆和公司有自己的經濟問題，可能負擔不起、也給不了她想要的額外休假，因此拒絕給她額外的時間準備會計師考試，她就能重新架構了。但是她也認為，老闆對這件事的想法有點不合理，因為公司並沒有真的要破產了，如果給她一點休假時間，老闆也還是挺得過來。所以，藉由我的幫助，她自問：「他拒絕我的要求，不給我額外休假的時候，他可能在告訴自己什麼？讓他行為不合理的，會有哪些獨斷的應該和必須？」

她很快想到了答案：「我想他在告訴自己，公司的工作進程絕對不能被干擾，如果我好幾週不在，無法處理那些我手上最好的客戶，這樣會很糟糕。他堅信，他會受不了可能發生的麻煩，如果我的客戶因為找不到我而批評他，這會讓他變成不夠格的人，令他感到非常丟臉。」

碧翠絲想通這點，就比以前更能了解，老闆為何拒絕給她額外的休假去讀書；雖然她仍然對老闆的焦慮感到不高興，但是她接納了有情緒問題的他，對於他拒絕准假而出現的怒氣又更少了。

所以，當你感到煩躁，就去看看你的煩惱 ABC，試著用正確的觀點去看待。這些困擾通常有很多面，你初步的知覺可

能並不準確，也不是定論。當你看得更清楚了，就比較不容易把煩惱小題大作，因此嚇唬自己、甚至為了你的困擾而困擾自己。

如果你的逆境（A's）真的很難處理，就承認這些逆境確實是問題。努力把這些事當成真正的挑戰來應對。為什麼不去看看，處理你的問題會有多麼驚險刺激呢？

強力駁斥非理性信念

你（和其他人）駁斥非理性信念（IB's）的時候，你常會學到該怎麼進行，而且很快就想出實用的答案。這有部分是因為你在駁斥時，你所自問的問題通常直接且簡單，所以答案也會相當明確，從合乎現實、合乎邏輯、實際可行的立場出發。

例如，假設你堅持：「我絕對、必須要贏得瓊安（或約翰）的愛，不然我就是個完全不可愛的人，生命中不配得到任何美好的事物，以後也得不到，最好隱居起來！」你可以發現你的非理性信念，直接了當的自問：「有什麼證據顯示，我絕對必須要贏得瓊安（或約翰）的愛？怎麼推論出，沒有得到愛，就會讓我成為完全不值得愛的人？就算我不可愛，又怎麼會讓我的人生不值得得到任何美好的事物？隱居起來有什麼好處，會讓我變得更可愛、更值得擁有些東西，還是更快樂？如果我堅定抱持這些非理性信念，我會變成什麼樣子？這些信念

會幫我成功追到瓊安（或約翰）嗎？會讓我比較不焦慮或不憂鬱嗎？會幫助我擁有更快樂的人生嗎？」

你很容易就可以回答這些問題，從而對自己「證明」：你不是絕對必須贏得約翰（或瓊安）的愛；得不到，也不會讓你成為完全不可愛的人、不會讓你的生活再也得不到任何樂趣；這個宇宙沒有「配不配得到」這回事；你堅持這些自我挫敗的非理性信念，才是讓你焦慮、憂鬱的主要原因。

太棒了！但就像我之前所說的，告訴自己這些有效的新哲學觀，不等於就會你真的相信。身為人類，你有能力輕描淡寫的告訴自己這些理性駁斥，同時又堅定有力的說服自己截然相反的非理性信念。你也有能力複述任何能自我幫助的說法，甚至告訴自己許多次之後，但一樣不被說服。你為什麼有這種能力，或是說，無能為力呢？或許是因為你強烈的希望和習慣，常常阻礙了你的理性思考。因此，就算你「知道」你手上的錢不夠買下某樣你非常想要的東西，你也還是會說服自己，你的錢足夠，然後下場可能是刷爆信用卡，造成財務上的嚴重麻煩。

例如，麥西娜告訴麥隆，她很在乎他這個朋友，但是對他沒有浪漫的感覺，所以不會跟他一起生活。因此，麥隆告訴自己，最好停止追求麥西娜，試著跟其他對他有感覺的女性交往。然而，他一直專注在麥西娜有多喜歡跟他聊天、一起參加文化活動，還一直讓自己相信，有一天她會真的愛上他，他們

會擁有美麗的婚禮。就算麥西娜嫁給了別人，麥隆還是沒有放棄，認為她終究會離婚，明白他才是最適合她的男人。他最後娶了伊莉莎白，一位非常愛他的女人，而且真的是個近乎完美的伴侶，可是他一直抱著希望思念著麥西娜，因而阻礙了他，無法好好享受跟伊莉莎白的感情。

最後，我勸麥隆使用駁斥方法，並請他非常強力地頻繁練習，好向自己證明，麥西娜不會像他想像的那樣愛上他，對她的執著不會有什麼結果。他還是愛慕麥西娜，偶爾會想念她，但是他不再說服自己，總有一天他會跟她開始幸福的新生活，他終於安頓下來，願意跟伊莉莎白共度人生。事實上，他差點為了沒有早點努力這樣做，而痛毆自己一頓。因此我幫助了他，只批評自己的頑固，但不要因為他的頑固而貶抑自己。

好幾週以來，泰芮一直處於異常生氣的狀態，因為她在擁擠的地鐵裡，被一個啪噠啪噠嚼著口香糖的少女打擾到了。她在治療團體裡堅持，這個女生「應該要知道她打擾到我跟別人了，而且在這個擠得不像話的車廂裡，她應該要立刻停止嚼口香糖。」雖然泰芮很熟悉 REBT，在其他的團體成員生氣於別人對他們「不公平」時，她也常常幫助大家，但是她一開始就放不下對那名地鐵女孩的執著與憎惡。我看著團體跟她沒有進展，心血來潮，就要求她同意拿起錄音機，陳述讓她大發雷霆的非理性信念，然後非常強力的駁斥這些信念，直到她放下為止。

泰芮一開始的駁斥並不正確，她還是頑固地想出一些錯誤的想法：「這個失禮的女生絕不該是這種樣子；她完全活該被人拖出去五馬分屍──當然由泰芮親自動手。（在這個非理性幻想的結局裡，泰芮會由十二位可敬的陪審團員免除其刑，再因為消滅了這個可惡的女生，而受法官表揚。）接下來的一週，泰芮有效駁斥了她原本的想法──這個女生應該為了她的罪行受到嚴厲懲罰。但她的駁斥軟弱無力。她依然很憤怒。在治療團體的力勸之下，泰芮第三次用錄音帶做駁斥，強迫自己非常強力的進行，讓駁斥深入她的頭腦和心裡。在這起「邪惡」事件發生過後將近三週，她終於能接受那名地鐵女孩是一個會犯錯、搞砸事情的人，她是做了不對的事，但也有權利活著，過快樂的人生。

　　我從 1970 年代起，就持續在數百位受困擾的個案和團體治療中使用過這個方法。你也可以照這個方法，拿一部錄音機，錄下你非理性、自我困擾的信念，然後強力駁斥幾次，直到你真的說服自己，這個信念不理性、會造成差勁的結果，而你可以將之改變成強烈的偏好，而不是命令。在你和朋友聆聽錄音帶的時候，在你和朋友同意駁斥夠強、你得到的有效的新哲學觀真的深入你的腦袋和心裡之前，不要停止駁斥你的非理性信念。一開始，你可能會發現，你沒辦法用合乎實際、合乎邏輯的結論來說服自己。你也可能發現，你只是大概、稍微相信那些駁斥而已。然而，如果你堅持下去，絕大部分就能打從

心裡、強烈相信這些結論，從而把不健康、困擾你的感覺和行為變成比較健康。

使用矛盾介入法

有些古代的思想家，包括禪宗大師，都發現人類通常相當矛盾：他們拼命努力想擺脫困擾的同時，通常把自己困擾得比平常更慘。你覺得恐慌的時候，如果你堅定告訴自己：「我一定不能恐慌！恐慌太糟糕了！我受不了恐慌！」你通常會造成更大、更久的恐慌感。為什麼？因為這些非理性信念包含了隱含的想法，認為恐慌很可怕、你沒辦法控制自己、如果你一直覺得恐慌，就會有嚴重的事情發生，例如你會死於心臟病發作、永遠失控，或是淪落到精神病院。你次發性的恐慌：對恐慌的恐慌，比起一開始煩躁的感覺，會讓你感覺更糟糕；而你對這些感受的執著，通常會使你無法有效的處理這些感受。

另一方面，如果你用矛盾的方式來檢視你的恐慌，你很可能會轉移注意力，得到「你可以有效處理」的想法，而且相信，如果你繼續體驗到恐慌，也不會有毀滅性的事情發生。因此，假設你告訴自己，而且正確相信：「恐慌是種激動的狀態。當我感受到了，就是我真的活著！這感覺表示，我有能力擁有各式各樣的經驗，而且藉由恐慌，我可以獲得很有價值的領悟！」

若能這樣想，你首先會轉移注意，不再放大恐慌的感受。其次，你可能會真的享受這些感受。第三，你或許會停止預測，如果你體驗這些感受會帶來什麼嚴重的後果。第四，你會明白，如果你能處理這種恐慌的狀態，你就能處理生活中幾乎任何可能出現的逆境。矛盾的想法和介入法通常有令人驚訝或震驚的效果，也許能促使你不再把情況糟糕化，幫助你回到解決實際問題和情緒的問題上。

康妮因為記性越來越差而憂鬱。這樣可能會讓她沒辦法繼續在中學教書，令她的研究所課程被當掉，而沒辦法加薪。她也因為憂鬱的感受而異常憂鬱。一般的 REBT 方法對她有點幫助，尤其是說服了她，如果她沒有像之前那麼能幹，也不會被校長和其他老師全面抵制。所以她有一些進步，但仍然會一直退回憂鬱的感受。

康妮最後矛盾地使用了幾個禪宗的寓言，例如想著一隻手拍手的聲音，或是專注想著：在懸崖邊靠一根藤蔓掛著，同時吃著香甜的草莓，會有什麼樂趣。這些寓言讓她分心，不再去糟糕化原本的煩惱。而且也讓她明白，就算她遭受反對、再也無法加薪、丟了教職，人生還是能帶給她歡樂。壞事之中也會產生好結果的想法，一開始似乎非常矛盾，但是後來她明白了，這就是人生本身最大的矛盾之一，她可以善加利用。

不要只因為矛盾技巧有令人驚訝的效果或具有迷人的吸引力，就拿來使用，而是因為你能了解到，就算這些想法乍看之

下是錯的，事實上卻有自我幫助的目的。以下有個例子，是我們經常推薦給 REBT 案主的：如果你害怕在社交場合失敗，就刻意找出幾個人，是你想跟他們交朋友卻被拒絕的。給自己出功課，例如說，一週內在社交上至少被拒絕三次。如果你這樣做，你或許就不會害怕被拒絕，實際上還可能被樂於接受。當你不去專注被拒絕的「恐怖」，你就會繼續嘗試，而可能得到一些接納。此外，你跟人接觸時也比較不會焦慮，表現會更好。當然了，你也會得到社交的練習；而你也會了解到，就算你真的被拒絕了，也不會發生什麼「糟糕」的事。

　　「故意被拒絕幾次」這種想法，看來可能很愚蠢，但其實是設計來幫助你的。你也可以構思幾種其他最後其實會得到好結果的「壞」方法。此外：逼自己去給人拒絕，至少能讓你動起來；想著要做出一些矛盾的事，通常會讓你考慮去冒一些你本來不會冒的險。

　　如果你想不到有什麼可以幫助你的矛盾方法，就閱讀一些相關主題的文獻，例如奈特・登雷普（Knight Dunlap）、維克多・弗蘭克、艾瑞克森，和保羅・瓦茲拉維克（Paul Watzlawick）。跟朋友談談如何構思出適合的技巧。找擅長矛盾法的治療師晤談幾次。不要把矛盾法神化，而是要用實驗的方式進行。依需求修改你對自己用的任何方法，如果看來對你無效，就果斷放棄。

參加支持團體、自助團體、工作坊和密集課程

情緒和體驗技巧，通常是與別人共同使用的效果最好，像是在支持團體、自助團體、工作坊和密集課程的的情境裡。弗瑞茲·皮爾斯（Fritz Perls）、威廉·舒茲（William Schutz）、我，還有其他治療師發明過一些體驗的練習，都可以有效運用在這樣的情境裡。在支持團體中，你會定期跟一群人相聚，他們有跟你同樣的問題，你會公開坦誠地討論你對這問題的感受，找出別人怎麼處理這問題、有時能從他們身上得到有用的建議。在自助團體裡，例如匿名戒酒會（Alcohol Anonymous）的、康復協會、理性復原[4]、自我管理與復原訓練[5]團體，你通常會跟其他帶著問題的人一起，他們會幫助你傾吐心聲、表達感受、接納有著難題的自己。在工作坊和密集課程中，團體領導者會使用一系列的體驗與思考練習，幫助你參與以及表達你真誠的感受。

這些團體可能都很有趣、資訊豐富、很有幫助。但是也有其缺點。我建議你，不要成為虔誠的追隨者，或是狂熱崇拜者，避免不假思索的追隨他們的方法。

---

4 理性復原（Rational Recovery），是 1986 年由加州社工師 Jack Trimpey 創辦的收費戒癮團體。

5 自我管理與復原訓練（Self-Management And Recovery Training，SMART）團體，是 1992 年成立的國際非營利戒癮團體，以動機式晤談法以及理性情緒行為治療法的概念與架構協助戒癮。

以下是他們的一些缺點：

- **支持團體**，例如那些大家都罹患癌症或痛失至親的團體，其中的人大多不會太理性，他們傾向太過認真看待自己的苦難，助長大家哀嘆、抱怨自己悲慘的命運。如果你參加的團體大多是這樣的性質，那你會發現這裡的傷害大於幫助。你最好離開，另尋新的團體，或是自己努力。

- 某些**自助團體**，例如匿名戒酒會，你會堅持說你的苦難（例如酗酒）是無可救藥的病症，你必須永遠都要定期參加團體，而你絕對需要某種高等力量來幫助你克服問題。實際上你可能對這種團體上癮，而拋棄了一些自我治癒的力量。

- **工作坊和密集課程**，這是由領導者主辦，他們其實可能有、也可能沒有考量到你真正的利益，就算他們真心相信自己的方法也一樣。這些領導者中有許多不是受過訓練的專業人員，可能會使用高度情緒化的方法，過程中所造成的傷害跟好處一樣多，又減損了你自我幫助的力量。這種團體有許多領導者都過度樂觀；其中有些人很專制，想讓你永遠離不開對他們的狂熱崇拜。有些工作坊和密集課程是賺錢的工具，會誘導你花上幾千美元，好讓你「被洗滌乾淨」或「被治癒」。去參加這些團體之前，要仔細調查。要用懷疑的眼光去看他們諸多做法。努力不要強迫性的迷上任何這些團體。為了你自己好，你可以運用他們教的一些東西，但不要讓自

己成為虔誠的追隨者。在你簽約加入之前，不妨先閱讀溫蒂・卡米納（Wendy Kaminer）的《我不正常，你不正常》（*I'm Dysfunctional, You're Dysfunctional*），了解這些團體可能造成哪些傷害。

要記得，多數人類困擾的本質都在於教條化、虔誠化和神聖化。所以，要了解你參加的團體是否有意助長這類受困擾的想法和行為。如果有，那在尋求他們的「協助」之前，就要三思，運用你的理性。

Chapter 12

細微行動帶來巨大改變：
克服不安，學會自我肯定

去做你害怕做的事，而且最好是頻繁、反覆的去做。這對你所有的非理性恐懼而言，或許不是全面的萬靈藥，但是我與你打賭，這將很有幫助！

　　我一開始有興趣，想幫助自己處理情緒和行為問題的時候，讀了大量的哲學和許多心理學的書，包括行為主義先驅巴夫洛夫（Ivan Pavlov）和約翰‧華生（John B. Watson）的作品。這些作家，還有許多宗教團體的領袖，都指出「坐而言不如起而行」，如果你想改善你的想法、感受和行為，你可能要強迫自己做出跟平常**不同的行為**，即使這麼做會令你不舒服。藉由行為對抗自我挫敗的習慣，你可能會習慣更新、更好的行為方法，做起來自在而享受，而且能向自己證明，就算改變有

困難，你還是做得到。

　　所以，我開始強迫自己做我害怕的事，起初是為了克服我對公開演說的恐懼症，後來則是為了根除我對於與女性初次約會而產生的極大恐懼，到了十九歲，我幾乎是靠自己完全治好了這兩種恐懼症。到了這個時候，我已經完全沉浸在哲學的研究中，尤其是關於快樂的哲學，而我了解到，我的煩惱主要是自己創造的，我有力量改變我的想法，同時又改變我的行為。所以我雙管齊下：我說服自己，如果公開演說沒有表現好，事情不會變得「可怕」，只會很不方便；而我強迫自己，儘管害怕，仍然逼自己在一大群聽眾前面說了又說——一開始的確很不舒服。過一陣子之後，我也說服自己，如果那些我認為合適的女性拒絕了約會邀約，我會很挫折、感到被剝奪，但我不會是個「爛人」，我也不必因為她們拒絕，而使自己憂鬱。

　　那時我才二十幾歲，還沒決定要成為心理治療師，由於我的自我實驗，還有我在克服公開演說和社交恐懼那令人滿意的成功，讓我因此甚至寫下一篇手稿〈不要讓自己不快樂的藝術〉（*The Art of Not Making Yourself Unhappy*）。我從來沒出版這本書，艾里斯學院在 1965 年搬到新建築時，手稿也弄丟了。但這本書中包含的許多觀念與做法，後來我都納入了REBT 之中。

　　你呢？嗯，身為人類，生來就幸運地擁有建設性的積極傾向，你一定有這能力，讓想法、感受和行為的困擾都更少。就

像我在本書中一直在說的，也是從 1955 年起我所有文章中都在說的，努力改進你的想法、感受和行為，你就能做到，這三者是極為相關的。本書到目前為止，我已經強調過了關於改善思考和感受的技巧，現在我要說明一些主要的行為方法供你使用。這些方法不會自動且永遠地改變你受困擾的想法與感受，但是很可能對你大有幫助！

面對不理性害怕的事情，去做！

有很多事，例如登山或批評老闆，確實有其危險性，也可能會對你帶來不利或威脅。對於這些事，你最好要有理性而合理的恐懼！你現在之所以還快樂地活著，靠的是謹慎、警覺，懂得擔心某些行為會帶來不良後果。因此，你可能會退縮、軟化、改變你原本可能做出的行為。過馬路時，你會小心的左右張望；跟老師、老闆和警察說話時，你也會留心措辭。

然而，某些遲疑和退縮明顯不理性，或是明顯自我挫敗的。例如，拒絕去求職面談，不在朋友面前坦率表達想法，或者因為害怕被槍殺，大白天避開城市主要的街道不走，這些都是愚蠢的逃避，會帶給你麻煩，剝奪你生活體驗的樂趣。你最好想想，承認這些事或許真的包含某些風險，但是你也要認知到，你畫下框架的同時也帶來了限制，或許對你造成的傷害大於好處。

好，這些你都明白了。但你還是有退縮的習慣，抱著過度恐懼的心態讓自己與世隔絕，仍有很多事不敢做。那又如何？

如果你積極駁斥你對「危險」行為的非理性信念，你就會強迫自己，去做那些讓你不理性害怕的事情。你當然可以慢慢來，把參與的痛苦降到最低。漸漸的，你開始能白天走在街上、試著與人約會、面試新工作、和一群朋友相聚時大聲說話。你越頻繁、越固定這麼做，效果就會越好。

例如，卡爾害怕求職面談。他覺得自己一定會表現很差，會在面談官前表現得很焦慮，導致他將一直吃閉門羹。而且，他又會因為自己的過度焦慮以及被拒絕，而無情地痛斥自己。他讀過幾本 REBT 的書之後，偶爾嘗試求職面試，但每次去都還是很焦慮。他的失業保險快用完了，他（理性的）害怕，不久後為了維生，他得動用存款了。所以，就算他覺得某些工作自己並不符資格、永遠拿不到，仍強迫自己在一個月內參加了二十場面談。

結果這些面談沒有一個成功，即使是他符合應徵資格的，也沒拿到。不過其中有兩場他接到了面試跟進的電話。然而，就算他失敗了，這過程卻讓他開始相信之前他輕描淡寫告訴自己的話：「如果被拒絕了，也不會有可怕的事情發生。」他得到很棒的面談經驗，大幅改善了他的面談技巧。他甚至開始享受面談的過程，例如面談者明顯要刁難他時，卡爾就把「要給出一個好答案」視為挑戰。

一個月後，卡爾得到了他追求的工作。雖然薪資沒有預期的多，但他認為這暫時有助於紓困他的財務狀況。接下來幾個月，他一邊做這份工作，同時繼續安排其他的應徵面談，尋找更好的工作，最後終於找到了。後來，他甚至開始幫助一些朋友練習求職面談，教他們如何用 REBT 克服焦慮、得到樂趣、改善技巧。

　　你也可以做類似的事。一開始先確認，你的哪些行為或不作為是在自我挫敗，所以很愚蠢。你是否害怕一些無害、有用、有趣的活動，像是運動、社交、走過橋面、公開演說？如果是，就列一張清單，寫出你避開這些事的壞處，再列出克服非理性恐懼的愉悅。用這些清單來幫你說服自己，無論過去你曾有什麼遭遇，例如在公開演講時被嘲笑，也許一直以來造成了你的許多不便或不舒服，但都不會是恐怖或糟糕的。要說服自己，你撐過了一次失敗，也會再一次撐過去。要了解，大多數的失敗，就算發生了，也是無害的。要了解，你的逃避會讓你更害怕「危險」的行為，而不是不怕，因為你會一直告訴自己這樣的話：「如果我走進電梯裡，電梯停個幾分鐘，我就會受不了！我會死掉！」

　　讓自己了解，逼自己去做那些你逃避的事，雖然一開始會覺得不舒服，但你仍然可以與這種不舒服共處，逐漸增強你處理這種事的挫折容忍度。要承認，就算別人因為你做不好某件事而指責你，那也大多是他們的問題。你明白，你不需要為了

自己某個差勁的行為，而指責自己這個人。要了解，你的恐懼症就是人類的處境之一部分，大多數人也會過度害怕各種不危險的東西，而且未必是你在恐慌的那些。要接納有缺陷的自己，不要因為你身為有缺陷的人，而譴責自己。

換句話說，你要去釐清造成你逃避無害行為的非理性信念，並堅定而堅持的駁斥這些非理性信念，直到修正或放下這些信念為止。做這件事的同時，要強迫自己冒險，對，冒險，去做「你恐懼去做」的事，並在冒險的時候，觀察你的想法和感覺。去了解你是如何毫無感知的在重複你的非理性信念，了解這些信念有多愚蠢。仔細注意你的自我對話，你又是如何毫無必要的受這種對話困擾。跟別人談話時，留意他們抱持的類似非理性信念。看看他們的非理性信念有多愚蠢，你甚至可以協助他們克服，同時堅持駁斥你自己的非理性信念。

採取行動，對抗你的恐懼症和極度的逃避行為。告訴自己，你一定可以做到；持續強迫自己冒險，直到恐懼減少或完全消失。如果因為做了你害怕的事情而死，就像我們按例會告訴 REBT 案主的那樣，那我們會給你一場美好的葬禮，鮮花相伴，應有盡有！你當然不會死，但如果你不去做這些「極為可怕」的行為，那就會讓你生命中某個很棒的部分死去。

有時你會刻意去做「簡單」的事，藉此逃避面對、執行那些嚇人的事——別再這樣子了。例如，你可能會搭長途公車去上班，而不是搭乘「恐怖」的地下鐵。或者你會告訴自己，你

必須待在家看書，而不是冒險出門參加社交，再度被他人「很糟糕」地拒絕。要確認你在做的某些事，是否實際上屬於這種逃避的藉口。如果答案是肯定的，請阻止自己繼續這麼做。不然，你得像我在本章後面所建議的，只有在嘗試過一些你害怕去做的事之後，再去做那些讓你感到愉快的活動。因此，只有外出參加社交活動、經歷過被拒絕的危險之後，才可以讓自己留在家舒服地讀一本有趣的書。

再一次，重點在於持續冒險、冒險、冒不安的險，直到你感覺自在為止，然後你就能真正享受之前總讓你害怕的活動了！

當然，有時候對於嘗試新的經驗而言，狀況也是一樣的：食物和其他的「危險」。如果你害怕吃生蠔，卻強迫自己去吃，也許你會大大改觀，品嘗到生蠔真正的美味，而在未來人生多一樣能享受的食物。如果學開車讓你害怕或煩惱，而你強迫自己學會這項技能，你也許會發現開車將成為令你最愉快的事情之一，為你的人生打開了各種全新的大門。

所以再說一次：**去做你害怕做的事**，而且最好是頻繁、反覆的去做。這對你所有的非理性恐懼而言，或許不是全面的萬靈藥，但是我與你打賭，這將很有幫助！

使用增強技巧

知名心理學家史金納（B. F. Skinner）是行為治療法之父，他證明，如果你有困難，做不了你明知有益的事，那你可以強迫自己先執行困難的事，再做比較簡單愉快的工作，幫助你停止拖延。所以，如果你的手上有某件案子，你一天必須花一小時處理，但是你一直延宕執行，你就可以跟自己約定，在這件困難的案子上工作一小時之後，才能做你真正喜歡做的事，例如閱讀、運動、跟朋友聊天。

在你閱讀這本書的過程中，不妨試試這個技巧，針對自己的某項行為出功課，幫助自己改變。如果你在認知作業的執行上有困難，例如，不敢走進你害怕的電梯，或是不想讀這本書，那麼，在做真正喜歡、如果不做就會感到快樂被剝奪的事情之前，就要先做你不想做的工作，如此就能讓這項功課更加愉快。用這種方式獎勵自己，不盡然是強迫自己去做想逃避的功課，而是幫助你促使自己往那個方向前進，讓原本令你想逃避的任務看起來簡單得多，也會令你提高「真正去做」這件事的可能。

如果你替自己安排了有益的事情，卻逃避執行，你也可以為自己訂定罰款或懲罰。懲罰有時反而造成兒童的拖延行為，他們甚至常會刻意去做那些容易被懲罰的事。你也會有同樣倔強的抵抗行為；如果是這麼回事，你應該去了解，你對自己說

了什麼，才造成你的抗拒。例如：「我不應該為了我不想主動去做的事，而受懲罰。我只是想等到『我真的想要』去做，才行動。別人不能強迫我做不喜歡做的事！而我會讓他們明白這一點！」

這種幼稚的抗拒是一種要求，要求「你必須只能做『你真的想做』的事，而且絕對不能被強迫去做你不喜歡的事。」即使從長期來看，這對你有好處。但你可以駁斥你的叛逆，放下幼稚的抗拒。

然而，你可能會發現，自己仍然抗拒為了日後好處而執行困難的事。若是如此，你可以針對這個訂定一套懲罰。如果你想執行對自己有益的事情，例如運動、節食、駁斥非理性信念，或是克服你的恐懼症，若是你承諾了自己要執行，卻沒有行動，那你就得吃些討厭的食物，花時間跟無趣的人相處，或是做煩人的家務（像是掃廁所）。

真的要執行你替自己訂定的懲罰，當然很困難。你的低挫折容忍度使然，可能會要求「你絕不能做這些艱困的事」，不管這將帶來多大好處。你可能會拒絕接受沒有履行承諾而訂下的處罰。因此，當你設定了一些對自己有益的任務，卻沒有做到，你可能得安排親戚朋友來監督你執行處罰。

要利用「增強法」幫助你戒除嚴重的成癮，例如酗酒、大麻或是抽菸，效果可能不是很好。因為你用來戒癮的獎賞，可能遠不如你沉迷其中得到的愉悅那麼令人愉快，至少暫時是如

此！但是如果你明確訂定處罰，再搭配各種步驟，確認你會執行的話，那嚴厲的懲罰可能有用，例如你拒絕遵守時，就讓身邊的人為你實施懲罰。

有些行為治療師可能會建議使用極端的懲罰。例如，如果你想要戒掉每天酗酒的習慣，那你可以在每次喝酒時，強迫自己捐錢給你討厭的事情、燒掉一張百元美鈔，或是毀掉一本還沒讀過的書。就如我常常對工作坊成員說的，如果你想戒菸，那你每抽一口菸，就把點燃的菸頭放進嘴裡（作為懲罰），也可以用二十美元的鈔票來點燃你抽的香菸（作為罰款）。如果你真的這樣做，你就會明白，自己還能繼續抽多久的菸！

像這樣的罰款機制，在你實際執行之前，可能需要有別人監督。例如，這個方法就對珍妮相當有效，她很難讓自己戒掉抽大麻的惡習，因此她找到一個她非常討厭的團體——三 K 黨（Ku Klux Klan），寫信給他們，上頭寫著她非常喜歡他們所做的一切，而且隨信附上一百美元的現金。接著，她把信跟現金交給她的室友安娜貝爾，並吩咐她，只要珍妮抽上一捲大麻，就連信帶錢寄給三 K 黨。罰款機制啟動後，安娜貝爾總共寄出三封這樣的信，當然也附上珍妮的現金，而且看似決心會繼續執行下去，之後珍妮就停止抽大麻了。

增強、罰款和懲罰一定能幫助你改變失調的行為。然而，卻未必能幫你改變非理性信念。所以，建議你不要只是使用這些方法，更要去找出你的非理性信念、積極而強力的予以駁

斥，將之改變成健康的偏好。

使用刺激控制法

當你對某種物質或行為上癮時，就算承諾過自己不會再這樣做，只要某些**刺激**（stimuli）或**刺激條件**（conditions）存在，你就會繼續沉溺其中。例如，你在酒吧喝的酒比在演講廳更多，有經過麵包店比沒經過買的糕點更多。你可以採取一些控制的措施，控制那些會助長你做出自我挫敗行為的刺激條件與情境。你可以在家裡拒絕抽菸、冰箱裡只放低熱量的食物、遠離喝酒嗑藥的朋友、出門時選擇一條遠離麵包店的路。

用刺激控制（stimulus control）來解決你沉溺的問題，會不夠優雅嗎？就某種程度而言，是的。因為，如果你讓自己身處誘惑的情境，同時卻還要抗拒誘惑，你將更辛苦，因為你不僅要克服低挫折容忍度的問題，還得改變那些造成你有低挫折容忍度的非理性信念。不過，也沒有理由指出你不能兩者並施：駁斥非理性信念，同時也採取刺激控制法。

查理總是過度飲食，包括高脂高油的食物，醫生已經警告過他體重過重的問題，還有高血壓。他特別喜歡上好吃的餐廳跟朋友享用午餐，每次總會吃得太多，飯後常常還要再來一大份甜點。為了停止自己這種耽溺的行為，查理強迫自己午餐時間盡量避免在外用餐，帶自己的食物去工作，或是在辦公室、

附近的公園簡單吃，藉此避開美味誘人的餐廳。為了練習處理羞愧感，他甚至想到，他可以偶爾跟朋友去高級餐廳，只點咖啡跟無糖汽水，在朋友吃正常餐點的時候，打開自己帶來的食物在餐廳裡吃。對於這個改變，如今他已經非常習慣，一開始的羞愧感消失了，而且除了節食得當之外，他也成功去掉了一些對他人讚許的極端需求，其中包括朋友和餐廳老闆的讚許！

　　刺激控制就像其他 REBT 的方法一樣可以單獨使用，但是配合積極駁斥非理性信念以及其他思考方法運用，效果更好。雖然就去除成癮行為而言，這算不上是優雅的方法，但這確實有其功用，在特殊的狀況下或許能幫上你的忙。

使用暫停法

　　你可以使用暫停法（time-out）得到良好效果，尤其是如果你結合其他更哲學的方法的話。「暫停」，意思是打斷你受困擾的精神狀態、情緒和行為，重新考量你的方向，給自己一點時間改變。當你對朋友或親密伴侶生氣，而他們也在惱怒你的時候，這方法尤其有用。如果任由你自己處理，你們大概會彼此謾罵（雖然不是故意的），做些愚蠢的行為，升高你們的憤怒反應。使用暫停法，你們就會同意，最好是事先協議好，暫停二十分鐘以上，彼此分開，或是一起保持沉默，把事情仔細想過，然後再繼續討論。

然而，你自己獨自碰上某些麻煩的時候，也可以使用暫停法。例如，唐諾很容易生鄰居的氣，尤其是凌晨兩點，他們還在繼續開著喧鬧的派對，他打電話去拜託對方消停，對方也視若無物，甚至在警察登門之後還回頭製造噪音。遇到這種情況，他自然而然會一直告訴自己，這樣很不公平，他們不應該這麼不公平，必須要有人阻止這些鄰居，好讓他好好睡一覺，第二天繼續做他審計員的工作。這些狀況讓他大為憤怒，以致於血壓飆升，這讓他可有點承擔不了。唐諾還不斷做些傻事，包括大聲咒罵鄰居、派對過後接連幾天打騷擾電話給他們。他甚至常常想到要花錢找殺手幹掉他們，不過從來沒有真的走到這個地步。

唐諾明白，他最好做點事讓自己平靜下來，他開始使用REBT 來發現他對鄰居激烈的必須，並練習如何將之轉變回強烈的偏好。他這方面做得相當好，但是每一兩個月左右就會故態復萌，退回到極度憤怒的狀態和自我挫敗行為。有一次，他失控地痛打鄰居一個十幾歲的孩子，差一點去坐牢。還有一次，電話公司因為他打了太多騷擾電話而把他停話，他還得大花功夫，另外弄支電話放在他的公寓裡。

唐諾發誓，每次他開始覺得暴怒，就暫停至少十五分鐘，躺下放鬆，除了努力讓自己平靜下來之外，什麼都不做，要採取任何行動都等之後再說。這樣效果不錯，但只能一時奏效。很快的，或是第二天，他又會回到七竅生煙的狀態，有時還會

繼續做出愚蠢的舉動。因此，他為暫停法加上了駁斥，而且開始非常強力說服自己，他的鄰居「本來就是」這麼不公平不體貼，他「可以」受得了他們差勁的行為。他甚至已經能發展出自己的樂趣，尤其是鄰居又持續喧鬧時，唐諾就戴上耳機享受音樂。唐諾發現，他可以做到怒氣變少了、維持平靜的時間更久，而且鄰居又開起刺耳的派對時，對於他們的行為，唐諾大多是覺得很煩、不愉快，但不會大發雷霆的去指責他們，也不會決心要不計代價阻止他們。

這樣看來，暫停法本身就相當有用，但如果你了解到，你是怎麼創造出這些讓你想逃離的混亂感受，如果你能努力去改變引起這些感受的基本要求，那你就可以更有效的運用。

技能訓練的運用

REBT 就像其他成效良好的心理治療一樣，都在努力幫助你，不要因為人生中發生了任何討厭的事，就拿來嚴重困擾自己。但就如我在第十章「解決實際的問題」那一節中所說，REBT 也在努力幫助你解決現實中的實際問題。會出現困難，是因為你在某些領域可能缺乏技巧，例如運動、舞蹈、社交和求職。一旦你平靜下來，冷靜面對你在這些領域的能力不足，就可以藉由接受技能訓練（skills training），為你的人生增添樂趣與能力。

人際關係中最有用的技能之一，就是堅持「不要求」和「不生氣」。另一方面，你可能不夠堅定自信、太過被動，因為你害怕，如果你想要的東西被拒絕了，這樣就「證明」了你是個沒價值的人，或者「表示」你永遠得不到任何你真的想要的東西。從這方面來看，你對接納有著極端的需求，或者你認為，你的希望絕對應該要實現。你可以靠著找出你的非理性必須，將之降到最低，從而處理這些問題。這些其實是情緒問題。但是你依然可能缺少一些必要的技能，來讓你有效的自我肯定。

另一方面，你可能會要求別人照你的吩咐行事，你可能會用嘈雜、憤怒的方式來主張自己，這通常會讓別人失去興趣，更不想滿足你的需求。再說一次，你常會有這種浮誇的要求，認為別人絕對應該要給你「應得的東西」，如果不合你的意，就不是好人。如果是這樣，就要去找出你內在與外在的命令，將之轉變成偏好，學會自我肯定，而不是有侵略性。

一旦你努力獲得了「想要」而不是「需要」的哲學，「期望」但不堅持別人應該停止煩你、停止要求你做不想做的事，你就能學會特定的自我肯定技能。一個好的治療師、一系列有效的工作坊、或是適合的書籍和錄音帶，都能用來幫助你習得這些技能。然後，你當然最好多加練習、實際運用。

你也可以在治療中、課程中、工作坊中，或是靠著書面和錄音資料，習得其他的技能。許多技能，例如彈鋼琴或成為網

球高手，都能為你的生活帶來更大的歡樂。其中有一些，例如溝通和社交技能，有助於你更好地掌握工作和娛樂享受。當然了，你不是一定要成為某方面厲害的專家，但如果有任何你覺得重要的技能，卻有所不足，那你就可以去接受相關訓練。然而，先不要因為技能不足而貶低自己。你越是因為自己的自我肯定、溝通能力或其他技能有所不足而貶低自己，就越是阻礙自己對這些技能的精通和參與。

這就帶我們回到兩個通常非常重要的情緒問題：自我貶抑和低挫折容忍度。如果你能在技能不足時，刻意使用 REBT 來獲得無條件自我接納，並且提高挫折容忍度，以撐過技能訓練的艱難，那你就能更好地學會目標技能。

這樣做，將為你直接帶來更大的快樂，也明顯更不容易受情緒困擾。

Chapter 13

邁向自我實現，增加幸福感

什麼才算是真正的實現自我。最好的格言似乎是：實驗，冒險，充分且精彩地經歷。無論如何，試著努力讓自己的情緒更健康、更快樂、更加滿足。

大多數心理治療至少有兩個主要目標：一、幫助大家減少困擾；二、鼓勵人們增進快樂和自我實現。REBT 一直都明確的在這兩方面努力幫助大家。在我們 1961 年初版的《理性生活指南》中，哈波跟我共同向讀者說明了如何減輕他們的困擾，又如何獲得所謂「長期的嗜好」，以及獲得自我實現的其他方法。

試圖讓自己有活力地對自己之外的某些人或事產生極大的興趣。你的先天和後天都有強大的傾向，會去愛人，也想被愛。其他人通常會跟你有著極好的互動，因為你們都是社交的動物。兒童、青少年和大多數的成人，天生就自然會付出愛、

想回報愛。就算在不浪漫的文化中，我們一輩子至少也會「瘋狂地」愛上幾個人。然而，我們多數時候會以不是愛情的方式，平淡地愛著我們的家人、伴侶、親密朋友。為什麼？因為愛其他人，就是我們天性中的一部分。

對某些東西、物品、計畫、高尚的目標有深厚的興趣，會帶來很棒的回報，很可能提升、拓展你的人生。例如，你可以很有活力的投入某項運動、執行某項專業、創立企業或是政治組織。這種興趣的專注有時比愛別人更持久、更具感染力。理想上而言，你可以同時愛人，也熱愛你喜歡的事物。如果你驅策自己花一段時間追求一個足夠吸引你的長期嗜好，你可能會進入心理學家米哈里‧契克森米哈伊（Mihaly Csikszentmihalyi）所謂的「心流」（flow），從中獲得極大的樂趣。

如果你想找一個真正令你著迷的興趣，那就試著去找一些能真正吸引你的人或活動，實實在在的為你自己而投入其中。如果你是為家人、為社會、或是助人的專業而奉獻自己，看起來也許很美好高尚。但你身為一個有個人品味的人類，你也有權力「自私的」投入某項比較沒有社會價值的娛樂消遣，例如，收集錢幣或是修復古董車。如果這樣做你會開心，你甚至可能成為一個更好的公民，也比較不會對社會造成危害。

讓自己投入某個有挑戰性、長期的項目，而不是簡單、短期的。一些比較簡單的事情，你或許很快就能上手或精通了，

例如西洋跳棋，接著也很快就開始覺得無聊了。不過，寫出一部完整的西洋跳棋史，你投入的時間會長得多！所以，你可能已經了解最好要選個長期項目當目標，例如寫小說、鑽研科學的新發現，或是成為忙碌的創業家。

順帶一提，在你選定的興趣領域獲得成功，的確很令人愉快，但是不要因此認為你絕對應該要做到這種程度。拋開你的必須，你會發現，就算沒有顯著的成功，投入的過程本身也很迷人。

還有，你不一定要靠偶然才能找到令你感興趣的項目。你可以先找一些能讓你動心、好奇的項目領域，花一段時間嘗試看看，堅持一陣子，再看你是否真的受到吸引。在還沒踏實且長期的嘗試之前，不要放棄這個方案。然後，如果你還是沒有為之心動，就再尋找下一個，再試試體驗其他的興趣，選一個不一樣的目標投入。你也不必一輩子只堅持特定一種興趣。你可以享受個幾年，再換成另外一種、再換一種、又換一種，只要你活得夠久就行！

即使你有某個主要的努力目標，你也可以轉換興趣，試著增加其他面向，並加以延伸發展。比起一直做某件主要固定的事，不時變換嗜好、朋友圈和其他參與的事，可以幫助你保持更大的熱情。

1950 年代末期，哈波和我認為，心理治療不只要增進快樂，也要減輕困擾，現在我們仍然如此認定。這些年來，馬斯

洛（Abraham Maslow）和其他社會思想家一直在熱情支持自我實現，包括魯道夫・德瑞庫斯（Rudolf Dreikurs）、早川一會（S. I. Hayakawa）、柯日布斯基、羅洛・梅（Rollo May）、卡爾・羅傑斯、泰德・克勞福（Ted Crawford）等等。這是人本主義與存在主義心理學的重要概念。

這就表示，如果要過好生活，你就絕對必須要擁有一個長期令你著迷的興趣嗎？不是的！你跟別人不同，對你有好處的東西，未必對別人也有好處。事實上，人的樣貌非常多，有些人就算在海邊過著流浪漢的生活，也能過得健康快樂。也許這樣的人不太多，但確實有些人可以！

在你陷入困擾的時候，要達到自我實現並不容易。你會被焦慮和憂鬱的感受淹沒，不會剩下多少能量來追求渴望的目標。此外，你的目標本身可能也有破壞性，例如，「做任何事都要成功」的極端需求。擁有這樣的「必須」，也能成為一種極具吸引力的興趣，這足以讓你忙上一輩子。但是不怎麼快樂！事實上，你可能會沉溺在自我挫敗行為，因為你認為被迫這樣做，讓自己沉溺在執著、強迫和焦慮的狀態中，以免經歷到無事可做或無聊的時刻。困擾確實可以很刺激人心！導致你可能不會有動力去拋下困擾——從此過著不那麼刺激的平淡生活！

可是這樣值得嗎？很少會這樣啦！具有破壞性的樂趣，能否促使你去追尋更大更好的快樂，而且讓你努力去獲得呢？效

果不太好啦！這些樂趣通常太過吸引人，導致你很難有額外的時間精力去思考如何讓自己更快樂。你的困擾很輕易就會阻擋你達成自我實現的目標。

自我實現的限制

自我實現有其限制嗎？確實有。許多批評者，如哲學家莫瑞斯・傅利曼（Maurice Friedman）、哲學家馬丁・布伯（Martin Buber）、歷史學家克里斯多福・拉許（Christopher Lasch），和心理學家布魯斯特・史密斯（Brewster Smith）都指出，馬斯洛對自我實現的看法太過個人主義，少了社會性，忽視了人類是社會性動物的事實，如果人類大多都在尋求自我實現，就可能破壞某些團體最佳的利益。強調社會利益的阿德勒學派治療師，一定不會推動這種自戀的想法。

肯尼斯・格根（Kenneth Gergen）、詹姆斯・希爾曼（James Hillman）、愛德華・桑普森（Edward Sampson）等心理學家及其他評論家都曾經指出，自我實現主要是西方的概念。某些亞洲和其他的文化則強調社會性，把團體置於個別成員之上。其他批評自我實現的人也曾說明，由於自我實現包含了尋找目標，所以隨著你尋求進步的過程，你也會更了解自我實現，並予以改變。這點正符合 REBT 的概念：用實驗性、變動的觀點來看待自我目標的實現，你的視角會更清明。

別忘了，就算你努力追求的大多是社會而非個人的目標，這樣做還是一種個人的選擇；就這層意義而言，你還是屬於個人主義、是自我決定的。人類的生存同時包含了個人與社會的目標。除非我們每一個人都力求生存、追求快樂，而且彼此幫助，不然人類很可能就會滅絕了。

身為獨特的人，你有權利選擇追求自我實現。如果你選擇這條路，你可能會考慮要努力達成以下章節裡敘述的目標，這些是大多數治療師都認可的，包括遵循 REBT 的那些。認真思考一下這些建議，但是我建議你不要固執的只選擇其中任何一項。這些目標能幫你得到心理健康、讓自己更不容易受到困擾，更能增進你的樂趣與快樂。

自我實現的各種目標

不墨守成規與個體性。你可以努力靠自己成為一個個體，「做你自己」。你可以把這個目標，結合「與所處的社會團體和諧互助，努力維護社會福祉」的目標。不要採用非此即彼的極端觀點，而是採取兼容並蓄（and/or）的態度，納入社會以及個人的利益。然而，當你努力爭取合理的個體性，以及性愛、愛情、婚姻、職業與休閒等領域選擇的自由，同時也別堅持你的方式才是唯一「正確」的方式；要鼓勵別人走他們自己選擇的道路。

社會利益與道德倫理的信任。就如剛剛所說的，如果你想要自我實現，你最好認真投入你自己的目標和價值，同時也接受一個事實，接受你是社會體系的一分子。你可能會因為純粹的自我利益而傷害到團體，也可能毀掉所有人類。努力去做你真正想做的事，但也要成為別人的好榜樣，幫助其他人，為了造福全體的人類而活。

自我覺察。想要活得幸福快樂、困擾少少，你就要覺察自己的感受，而且不以擁有這些感受為恥。無論是正面和負面的感受，你都會接納，但未必要依據負面感受來行動。不要輕易大聲嚷嚷你的恐慌和憤怒，並且試著盡力減少這些負面感受。你會努力改變自己，通常也會去改變外在環境。就如早川一會所說的：「認識自己。」但也要了解，你對自己所知甚少，要不斷致力於——發現你「真正」想要的和不要的是什麼。

接納模糊與不確定性。要自我實現，就要接納你的生活中和世界上存在著模糊與不確定性，還有一些混亂存在。就如我在 1983 年所說的：「情緒成熟的個體會接納這件事：就我們至今所發現的而言，我們活在一個充滿可能性與機會的世界，沒有絕對的必然與完全的確定，或許永遠也不會有。在這樣的世界裡生活，我們不只可以容忍，而且就冒險、學習和奮鬥而言，這種生活甚至很刺激、很有樂趣。」

包容。保持心胸開闊。對事物的相同與相異之處都會有反應，而不是忽視同名事物之間的差異。你不會認為所有的樹都

是綠色的，所有教育都是良好的，或是所有的現代藝術都是愚蠢的。情緒健全的人，思維比較靈活有彈性，面對「改變」傾向抱持開放的心態，對於他們身邊那些變化無窮的人、想法和事物，比較願意採取不偏執的觀點。

投入，以及享受本身的樂趣。就像哈波和我在《理性生活指南》中所指出的，如果你是個追求自我實現的人，對於你追求的事（如工作）和娛樂（如高爾夫球），你會享受其結果，也享受這些事本身帶來的樂趣，而不只是當成某種達成目標的手段而已（例如為錢工作，或是為健康而打高爾夫）。你將長期投入這項令你著迷的興趣，而不僅僅是追求短暫的愉悅。

創意與原創性。馬斯洛、羅傑斯、早川一會、羅洛‧梅，還有其他作家都說明過，雖然不是必然，但能力比較完整的人通常更有創意、創新的點子、有創造力。因為你不會極端需要別人的認同，也不會唯命是從，所以你比較會以自我為導向而非他人，思考更有彈性而不是陷入僵化，會尋找你個人偏好的原創方法來解決問題和困難，而不是去找你「應該」遵從的規則。

自主。當你的情緒健康、也懂得享受生活樂趣時，比較容易對自己與他人真誠。雖然有時免不了和別人互相依賴，尋求他人支持，但是你的命運大多是由自己規畫和設計（當然了，要在社會的情境之中）。你不會極度需要外界的支持，來「確定」自己做了「對的事」。

保持彈性與科學的觀點。科學不只是使用經驗與邏輯來確認假設，其本質更在於開放且不抱持偏見、不武斷、保有彈性的——哲學家路德維希·維根斯坦（Ludwig Wittgenstein）、羅素、卡爾·波普爾（Karl Popper）、威廉·巴特利（W. W. Bartley）、人類學家格雷戈里·貝特森（Gregory Bateson），以及其他的科學哲學家都曾經向世人證明過。REBT不斷強調，你大多是用僵化、強迫式的應該與必須，在困擾自己。但是，你也有能力去質疑與挑戰非理性的必須化、尋求偏好的替代方案，使自己的困擾變少，更容易達成自我實現。

無條件接納自我與他人。神學家保羅·田立克（Paul Tillich）、卡爾·羅傑斯和其他社會思想家都強調過無條件接納自我與他人的價值。REBT 從一開始也是如此。貝納德、保羅·霍克、珍娜·沃夫（Janet Wolfe）、大衛·彌爾斯（David Mills）、湯姆·米勒（Tom Miller）、羅素·葛瑞格、菲利普·泰特（Philip Tate）、保羅·伍茲、我，以及一些其他 REBT 的作者都曾說過，如果你願意依據你的目標和目的，來評估你的想法、感受和行為，同時拒絕全面評論你的自我、你的本質、或你的存在，那麼你就可以解除大半的困擾，並且達到自我實現。REBT 也鼓勵你無條件、不偏執的接納他人，同時繼續評估他們的想法、感受和行為。

冒險與實驗。自我實現通常要配合相當程度的冒險與實驗。多嘗試一些不同的工作、喜好和任務，去發現你自己想要

什麼、不想要什麼。如果你想在人生中獲得最大的熱情，那就持續冒險，去面對可能的打擊與失敗。

長遠的享樂主義。享樂主義（Hedonism）是追求快樂、逃避痛苦和挫折的哲學，對於人類的生存與滿足感而言，似乎是必要的。短視近利的享樂主義，像是「今朝有酒今朝醉，因為你可能明天就死了！」有其道理，也有限制。因為隔天的你很可能還好好活著，卻帶著宿醉！或是死於心臟病！為了更充分地實現自我，你要努力追求今天以及明天更強更大的快樂。

以上所有的目標說明的，是我自己以及大多數 REBT 執業人員的偏見，因為我們認為，你做到了這些，或許就比較能減輕困擾、增進你實現更大快樂的潛力。其他的治療師通常對這些目標中的大多數持同意態度，而有些研究顯示，努力追求這些目標的人，會得到更好的生活。不過這些目標和價值觀，還需要大量的科學研究來驗證。

想想自我實現，考慮一下，在自己的人生中依照上述的方向實驗看看。這些方法也許各有實際的缺點，尤其如果你做過了頭的話。做得過頭了、不顧一切太想在人生中得到你真正想要的東西、忽視別人、被別人討厭、傷害了你生活其中的社會團體，這都太容易了。長期來說，你可能因此毀掉自己。

另一種危險是，如果你太過度追求自我實現，而且將之定義為贏得他人讚許的話，你最後可能會把心力投注在「他們」想要你做的事情上，而不是「你真心想做」的事。例如，有人

加入邪教的時候，就會發生這樣的事，像是吉姆・瓊斯[1]、奧修[2]、呂克・茹雷[3]，以及麻原彰晃（日本奧姆真理教的教主）所經營的那些教派。如果你讓自己陷入這樣的教派之中，可能就得毫無主張，遵循領袖或上師的目標和利益。這可不太算自我實現！而且還可能會危及生命。

所以，如果你願意的話，就盡力追求自我實現，但是要小心，要明白對你而言，什麼才算是真正的實現自我價值。最好的格言似乎是：實驗，冒險，充分且精彩地經歷。無論如何，試著努力讓自己的情緒更健康、更快樂、更加滿足。這些目標通常會有很多重疊之處。但是要仔細評估你選定的目標，當你得到可疑或有害的結果時，要隨時準備好退場。

針對自我實現，最後再說一句話：用「必須要自我實現」來要求自己，算不上自我實現。努力要做到完全或完美的自我實現，反而可能會導致自我毀滅！就算在這個很棒的領域裡，極端的觀點也會帶來有問題的結果。

1　吉姆・瓊斯（Jim Jones），美國人民聖殿教（Peoples Temple）的創始人，1978年在南美蓋亞那以武力脅迫信徒一起集體自殺，造成近千人死亡。
2　奧修（Osho，1931-1990），印度知名心靈大師、新興宗教領袖，行事頗受爭議，旅美期間，教派被美國政府認定為邪教。
3　呂克・茹雷（Luc Jouret，1947-1994），比利時籍的宗教領袖，自稱耶穌轉世，創立太陽聖殿教（Order of the Solar Temple），聲稱只有隨他前往天狼星才能解脫。1990年代在瑞士、法國、加拿大共組織了三起集體自殺事件。

Chapter14

結論：你可以選擇讓自己快樂

你的想法或哲學觀是自我改變的關鍵面。你生來有能力解決實際問題和情緒問題，在行為愚蠢而自我挫敗的時候，你可以改變你的想法、感受和行為。而且，通常你可以做得相當好。

　　讓我來總結一下你可以思考的概念。我在本書中提出三個主要論點：

一、你的情緒困擾大多是由自己造成的，你有意識或無意識地，選擇了非理性思考、創造不健康的負面感受、做出自我挫敗的行為。所以，幸運的是，你可以「選擇」改變你的想法、感受和行為，讓自己擺脫困擾。如果你能以強而有力、堅持的態度，持續採取 REBT 的主要技巧，那你就可以讓自己困擾大減——減少你的焦慮、憂鬱、憤怒、自我厭惡和自憐——而且有時短時間內就能出現成效。請遵

循本書中敘述的方法，不斷練習。這些方法不神奇，也不是奇蹟。但是一定會對你有幫助！

二、如果你的思考、感受和行為開始自我挫敗，頻繁且穩定的使用 REBT 技巧，就能明顯地減輕你的困擾。而且，你很可能不再會輕易令自己陷入煩惱，並懂得在即將經歷情緒問題前，先行避開。

三、如果「要讓自己更不容易陷入困擾」是你給自己的明確目標，使用本書中第七章、第八章中提到的方法，你等於是給了自己更大的機會達成這個目標。面對這個目標，要抱持決心，並全力以赴！

再回到第五章所說的主要目標，增強你的意志力來改變行為。要下定決心，獲取知識來支持你的決心，依據你的決心和知識來行動。

本書從頭到尾都在強調，你是一個擁有複雜思考、感受和行動的人；所以 REBT 提供你許多獲得成長的方法。然而，很明顯的，你的想法或哲學觀是自我改變的關鍵面。因為即使你努力想修正感受和行為，你也必須先思考要如何下手、計畫如何安排，而且不斷規畫、謀略如何成功改變。

所有性格的改變，似乎包含許多關鍵的認知因素。心理治療師和諮商師可以閱讀我針對專業人員而寫的《更好、更深入、更持久的短期治療》，取得更多了解。以下是重點摘要：

- 首先，你最好盡可能地覺察到你改變的可能性。
- 其次，你最好選定目標，決定追求這個目標、下定決心要執行，驅策自己去實施。
- 接著，在努力改變的過程中，同時你要評估改變的進度，決定要如何繼續（或不要繼續）、觀察你是否正邁向成功、計畫可能的新作法、驅策自己執行計畫，觀察新的改變結果、反思你是否已達成目標、適度修正一些目標、計畫、行為，再繼續這個循環。
- 你也要考量、選擇、檢討、實驗性的嘗試，以及評估你運用的方法，以幫助你自己改變。改變你的感受與行為（以及想法）時，涉及到無數的認知（思考）過程，無法單靠改變其中一面就做到。當你有任何個人的改變，你的想法一直都會是關鍵的強烈因素；而在你有了深刻且強大的轉變時，適度的反思是相當重要的。

　　如果你要走上這條路，讓自己更不容易陷入困擾，你最好進行一些深刻的哲學觀改變。這些思考的步驟，有時或許你可以省略，或至少你認為自己不需要。例如，如果你加入了宗教或是政治團體，你的思想和行為可能突然跟過去截然不同。但這樣的改變會發生，其實是因為你決定要採用你選擇的團體之信仰理念，並努力遵循。如果你是曾經差點溺死或病死，你也許會因此讓自己成為一個「全新的人」，但再說一次，顯然是

你「決定了」要做這樣的改變、「思考過」要採取這個方式，「驅策自己」去採用這個新方式。

　　與其隨隨便便進行這類的思考，沒有太多有意識的覺察，那為何不有意識的找出你想去什麼地方，並找到實現目標的好方法？讓自己更不容易受困擾，絕對是你最重要的其中一個目標。何不照著本書中的一些建議，運用你的大腦來達成目標呢？

你可以靠自己做到更不受困擾嗎？

　　目前還沒有任何對照實驗（controlled experiment）證明過，你究竟可以用什麼方式來讓自己困擾減少。如我在第六章中提到的，有許多實驗證明過，心理治療的案主，尤其是那些採取 REBT 和認知行為治療法（CBT）治療的人，都有明顯的進步，而且通常是在短短幾個月內就產生成效。這些研究中有少數也證明了，案主在治療結束後兩年、甚至更久，仍持續進步中。但如前所述，研究還沒有完整展現出案主如何做到明顯不再自尋困擾。

　　假設你可以讓自己更不容易受困擾，那你真的能自己做到嗎？我的答案是：可以，因為我跟數百人談過，他們似乎都做到了。有許多是由我或是其他 REBT 執業者治療的，但還有些人接受的心理治療相當少或甚至沒有，卻靠著閱讀和聆聽

REBT 的資料與個人的努力，做到了不凡的進步。這些人大多被診斷為一般性的精神官能症，但其中一些人則有嚴重的人格疾患，少數甚至被診斷為精神病，得在精神病院度過一段時間。

我相信，比起還沒接觸 REBT 相關資料之前，這些人現在一定更不容易受困擾。在某些案例中，他們甚至在進步之後，還遭遇到了不尋常的人生挫敗，例如長期失業、破產、嚴重的意外與疾病，但是他們都平安走過了那些生命的風暴，而且沒有因此自尋困擾。當然了，我們最好保持一定程度的懷疑，來看待這些情緒大幅改善的故事。然而，我還是支持他們的進步，也期待有對照實驗，能提供關於這些自助者更有說服力的證據。

在我和《理性生活指南》的數千位讀者通過信後，更令我相信，他們當中有許多人（無論是否有接受心理治療），都透過閱讀 REBT 資料而顯著改善了他們的生活。而另一群數量較少、但仍相當可觀的讀者們，也幫助了自己明顯更不容易受困擾，他們取得的成功同樣令人印象深刻。

我承認自己的偏見，這些年來我跟數千人演講、通信的過程，看到許多人都靠著閱讀心理自助的資料獲得正向的成果，使我更有信心與熱情——這些資料包括：羅伯特・亞爾貝提（Robert Alberti）與麥可・埃蒙斯（Michael Emmons）、亞

倫‧貝克[1]、麥可‧布洛德（Michael Broder）、大衛‧伯恩斯（David Burns）、葛瑞‧埃莫瑞（Gary Emery）、溫迪‧德萊頓、亞瑟‧弗里曼（Arthur Freeman）、保羅‧霍克、保羅‧伍茲，以及其他 REBT 與 CBT 主要作者的書籍。就如我前面所提，一些其他研究者，例如帕德克（J. T. Pardeck）與史塔爾克（S. Starker）同樣指出，心理自助資料能為讀者和聽者帶來不少好處，以下重點條列幾個：

- 比起尋求治療師協助或參加自助團體，許多有情緒問題的人藉由閱讀，其實學到更多。
- 有一些在閱讀中收穫不大的人發現，影音教材也可以給自己帶來相當大的幫助。
- 接受治療的人，如果同時搭配心理自助資料，有很高的比例可以深化改善的狀況。
- 許多人沒有時間、金錢或動力接受心理治療，只能選擇使用書面或錄音的教材，而他們使用這些自助教材後，通常獲益良多。
- 有些人在結束治療後，會利用這些自助資料在家自學，預防自己再次退步到過去的困擾狀態。
- 對於參加晤談治療會感到羞恥或丟臉的人，或是因為某些錯

1　亞倫‧貝克（Aaron Beck），美國精神科醫師，認知治療法創始人。

誤的原因而沒有參與治療的人，也能從自助資料中獲益。

● 有些人則是沒有定期治療，但是參加了自助團體，像是匿名戒酒會、康復協會、理性復原法、自我管理與復原訓練，或是女性戒癮會等團體，透過閱讀自助書籍和錄音帶，這些人通常也有獲得改善。

這不表示使用心理自助資料就沒有缺點，通常還是有的，例如：

● 使用這些資料的人並未經正確的診斷，他們只是自以為有問題，例如注意力缺失疾患（attention deficit disorder）、多重人格疾患（multiple personality disorder），然而他們根本沒問題，卻可能因為錯誤使用資料而受到傷害。

● 許多心理自助品項的出版，是為了幫作者賺錢或是提高聲望，這些資料可能沒有幫助，或甚至有害。

● 有些資料，尤其是某些新世紀的東西，會勸阻使用者接受其實對他們有益的心理治療，反而鼓勵他們參加教派或是怪異的組織，弊大於利。

● 對於所有的讀者和聽眾，自助資料提供的訊息都是一樣的，如果不加分辨就直接依循，可能對某些人有幫助，卻造成了其他人的傷害。

● 這些自助資料很少經過對照實驗的檢驗，來判斷對於使用者

是否有效。這些資料的出版者，他們更關心的是趕快上市、趕快獲利，而不是逐一發現這些資料是否有治療上的實際價值。

　　基於上述理由，對於許多的自助資料和作法，你最好保持適度的懷疑，尤其是那些打很多廣告的。你可以測試，但要帶著一定程度的戒心來使用，看看是否真的對你有幫助。如果可以的話，去找專業人員以及其他使用過的人討論。認真考量把這些資料當成輔助，去配合心理治療以及由專業人員進行的課程及工作坊。（我推薦適合的 REBT 與 CBT 的自助資料，是本書末參考資料中打上星號的那些條目。）

對「治癒」務實的期待

　　任何人，包括你在內，都能治癒自己、擺脫我們常說的情緒困擾嗎？很可能沒辦法。你跟世界上其他人一樣，天生似乎就有種強烈的傾向，讓自己容易陷入困擾中。你不必這樣對待自己，但你常會如此。如同我一直在本書強調的，你生來也有能力解決實際問題和情緒問題，在行為愚蠢而自我挫敗的時候，你可以改變你的想法、感受和行為。而且，通常你可以做得相當好，讓自己比起過去更不容易受困擾。

　　但並不是完全處之泰然。如果你能做到完全無感，在不幸

的促發事件發生時，你連健康的負面感受都會失去，像是悲傷、後悔、挫折、煩惱。那你會活得如何？不會太好吧！

就算我們談的是完全擺脫不健康的、自我毀滅的感受，例如恐慌、憂鬱、自我厭惡，又有多少機會呢？極為渺茫。要做到這種程度，面對生命的逆境，你就得快速、自動，而且永遠都理性而明智的作出反應。你能永遠做到嗎？做到百分百的完美嗎？想得美！

再接著說下去：你能永遠不會失誤，或是退步回到困擾中嗎？例如說，你被某位親戚或同事惹怒了，你意識到他們只是會犯錯的人類、做了惡劣的行為（但不是徹底的大爛人），你寬恕了犯錯的人，而不是他們犯下的錯誤。你很快地就能使自己針對他們行為感到不悅，但拒絕譴責他們。很好。但是，當他們又對待你或他人不公平，你是否永遠、永遠、永遠不會再退步，回到憤怒的感受呢？幾乎不可能。

所以，如果你努力使用本書中的一些方法，那一定可以讓自己更不容易受困擾。但並不是完完全全不受困擾。因為只要你還是個會犯錯的人類，就做不到這件事。如果你把一些主要的 REBT 方法教授給你的親戚朋友、同事伙伴，就能幫助他們減少困擾，未來更不容易陷入困擾。當然，這不會總是奏效，只是有時候。

其他人，或許也包括你，還會受額外的限制。例如，有些人的智力受限，比普通人更難好好思考、進行一般的問題解

決。少數一些人則是有嚴重障礙，連生活自理也沒辦法。藉由大量的訓練，這些人之中有許多人可以進步、過得更好。但就如我在第二章中簡短提到的，有其極限。

也有許多人的情緒功能有其障礙與限制。有些人有精神疾病，也許是思覺失調（Schizophrenia）或是躁症（mania）。更多人則是嚴重的人格疾患，雖然有時候精神病會發作，但仍有能力照顧自己，有時甚至能獲得相當大的成就。這些人包括了重鬱症、強迫症、精神疾病發作、思覺失調行為、邊緣型人格疾患（borderline personality disorder），以及其他人格疾患。

REBT 理論主張，有嚴重人格疾患的人，生來大多有些生理上的缺陷。他們在重要的思考、情緒和行為方面，天生就有缺陷的傾向，又常常因為環境的艱難而更加嚴重。智力方面，他們可能有過度專注或專注不足的缺陷。情緒方面，他們可能很容易就會反應過度或反應不足。行為方面，他們可能會過度衝動或有強迫症。他們大腦中的神經傳導物質，例如血清素（serotonin），經常無法正常運作，或者他們也可能出現各種生化反應失調。因此，如果你有人格疾患，就必須接受診斷和藥物的協助，例如百憂解（Prozac）或贊安諾。

如果你或是身邊親密的人有了嚴重人格疾患，那宣稱有效的心理治療真的有幫助嗎？一定會。事實上，有嚴重人格疾患的人最好接受心理治療，如果有必要也可能需要藥物治療。許

多人只能靠著這類的治療，才有辦法好好地生活和工作。

自助的做法如何呢？有嚴重人格疾患的人，雖然很難完全治癒，但通常能從自助團體與支持團體、宗教團體與社會團體，以及心理自助資料，獲得極大的助益。匿名戒酒會、康復協會、自我管理與復原訓練，通常也很有幫助；還有數百萬人，藉由有效的自助小冊子、書籍、影音資料以及其他資料，而過得更好。的確，有許多人會因為某些原因而從心理治療獲益，而他們也能藉由各種自助的管道幫助自己。

所以，如果你或你的親戚朋友現在正陷入了嚴重的困擾，那一定要試試看心理治療、藥物、自助團體，以及其他形式的治療方法。實驗，仔細觀察，並且堅持。盡可能找到各種協助，努力使用。如果沒有馬上成功，就嘗試第二次，再試第三次！接受適當的診斷。具體確認是哪一種疾患，並且無條件接納有這種疾患的自己。在醫師的指導下實驗看看，或許是藥物治療，直到找出對你有效的方式。接受密集的心理治療——這也是你可以實驗的做法。不要放棄。不要說你沒辦法改變。只要承認你覺得很困難就好。

你能不能努力得到我在本書中提倡的優雅的解決之道，來讓自己困擾減少、更不容易受困擾呢？可以，一定行。你或許得更努力一些，強力堅持，對抗你與生俱來的缺陷傾向。因為嚴重的人格疾患就包括這些：第一，思考、情緒和行為上缺陷的傾向。第二，對這些障礙的非理性信念或認知扭曲。

你可以明白為什麼會是這樣的狀況。例如說，假設某個人有生理缺陷：裂顎、肢體傷殘、先天耳聾。比起沒有障礙的一般人，有這些狀況的人生活功能較差。此外，他們通常會因為身體的障礙，而受到批評、嘲笑和貶抑。當然，其中許多人還會猛烈的抨擊自己，而不僅止於他們的表現。他們讓自己因為身體上的障礙而更加困擾，為自己的肢體障礙火上加油。而且狀況會變得更糟：他們的身體問題再加上了情緒問題，幾乎會讓他們變得更加失能。

有嚴重人格疾患的人通常會有類似的悲慘經驗。他們知道自己有某些智能、情緒和行為上的缺陷，而因為有這些缺陷而悲傷難過。他們也會知道，自己將比其他人遇到更多的挫折，他們的人生真的會比較艱難。在許多案例中，他們知道別人常常會歧視他們，因為有「缺陷」而貶低他們。結果他們（就像其他人類一樣），幾乎都會因為自己的人格疾患而深受困擾。首先，他們會因為有缺陷而猛烈詆毀自己。其次，他們會恐懼自己異於常人的障礙，造成對這些障礙的挫折容忍度低。第三，他們會怪罪他人，擅長當個受害者，而阻礙了自己改變的機會。

維農有嚴重的強迫症。他做的幾乎每個重大（常常還有不重要）決定，都要確認超過二十次以上！他關燈、鎖車、關水龍頭，都要檢查許多次，才會真的感到心滿意足，覺得自己有做好。他花了許多時間進行檢查程序。他常常覺得這樣很愚

蠢，沒有生產力，但是他「沒辦法」強迫自己停下來。他相當聰明，本可唸完大學，卻只拿了藝術副學士學位就離開學校，找了份文書工作。

維農因為他「愚蠢」的檢查行為而厭惡自己，他老是憤怒的叫嚷著，他的人生「太艱苦了」，絕不應該有那麼多阻礙。所以他花了很多時間痛斥自己，抱怨他的強迫症障礙。他的自我抗拒（self-deprecation）和低挫折容忍度造成他嚴重的憂鬱。因此，比起本來只受強迫症所苦，他最後受到的殘障程度更大了。他住在懷俄明州，一直沒辦法到紐約跟我面對面互動，但是他安排了幾次電話晤談，並且幾乎讀過了我所有的自助書籍。

經過每個月兩次、共二十次心理治療的電話晤談，以及後續偶爾的晤談之後，維農開始徹底接受有嚴重強迫症的自己。一開始，他變得「更不能」容忍自己有這種障礙，因為深受「極度不公平」之苦而大聲咒罵。但他了解到，挫折容忍度低就跟強迫症一樣會使他失去能力，因此他開始努力對抗，讓自己為其障礙感到極為遺憾和失望，而不是糟糕化。他把這件事視為一個要克服的挑戰，而不是該咒罵的「恐怖」。到我們固定的晤談結束，維農已經比我大多數的案主都更能接受自我了，挫折容忍度也提高很多。接著他利用這個高挫折容忍度，非常努力地降低他的強迫檢查行為，從二十次以上降到只檢查兩、三次，這讓他每天大約省下了兩個小時。他決定回到大

學，成為電腦專家，更能充分享受人生。

如果維農沒有接受心理治療，只靠著使用 REBT 資料自助，能不能得到同樣的結果呢？我們當然永遠不會知道。但是像維農這種有嚴重困擾的案主所需要的，通常超過他所接受的二十次電話晤談。他自己提議我們結束固定晤談，偶爾才額外晤談一次，是因為他用 REBT 的書籍和影音資料的運作成效非常好。從我們三年前停止固定晤談至今，他只額外跟我電話晤談過六次，而且持續使用自助資料，有顯著的進步。

有些人也沒有接受過晤談，只跟我通信交流，或是與我在世界各地演講或辦工作坊時短暫見一會，他們都說，只用了 REBT 自助的做法，就大幅度的改善了他們的嚴重人格疾患。當然，其中有些人可能誇大了他們的症狀和進步程度。但是我相信，許多有嚴重困擾的人都能從自助資料獲益；有些人似乎還做到了深刻的哲學觀改變，讓自己明顯更不容易陷入困擾。

維持與增進自我治療的收穫

1984 年，我寫了一篇文章，談 REBT 案主如何維持與增進治療的收穫。紐約的艾里斯學院出版了這篇文章，幫助了許多案主。以下是文章裡一些主要的重點，你可以用在自我治療上。

▋ 如何維持你的進步

如果你使用 REBT 而有所進步後，又不小心退回到舊有的焦慮、憂鬱、自我貶抑的感受中，那你要努力確認，你曾經改變過什麼想法、感受和行為，才促進了原有的進步。如果你又讓自己感到焦慮了，就回想之前你是如何使用REBT來減輕憂鬱的。

例如，你可能記得，工作或感情失敗的時候，你不再告訴自己你沒有價值，不再說像你這樣的可憐蟲人生永遠不會成功。你可能強迫過自己去求職面談，或試著找合適的伴侶約會，因而讓自己明白，就算當時很焦慮，你還是辦得到。你使用過理情心像來想像發生在身上最壞的狀況，讓自己對此覺得非常憂鬱，然後努力讓自己健康的覺得遺憾和失望，取代不健康的憂鬱感受。要讓自己想起曾經成功改變過的想法、感受和行為，還有你如何藉由改變幫助過自己。

持續、重複想著理性信念，或是理性因應自我陳述，例如「成功很棒，但就算我失敗了，我還是可以完全接納我自己，好好享受人生。」不要只是盲目重複這些陳述，而是要仔細查看多次，好好思考過，直到你真的開始相信，而且因為相信而得到幫助。

當你又再次用非理性信念來困擾自己，要持續找出這些信念，並予以駁斥。從合乎現實的層面駁斥：「我必須成功，才

能接受我自己是個有價值、值得讚揚的人，是真的嗎？」從合乎邏輯層面駁斥：「如果我這個重要的工作失敗了，我就會永遠失敗，這是必然的嗎？」從務實層面的駁斥：「如果我相信，我絕對不能受挫折或被拒絕，那我會變怎樣？」

只要發現，你又讓非理性信念溜回來了，就持續強力而堅持地予以駁斥。就算你不是主動抱持這些信念，也要明白，在內心深處你依然相信著。要把這些非理性信念找出來，有意識地給予預防性而且強烈的駁斥。

不斷冒險，去做你不合理在害怕的事，例如搭電梯、社交互動、找工作，或是創意寫作。一旦你克服了部分的某項自我挫敗的恐懼，就持續地固定對抗。如果你強迫自己，去做自己不符現實在害怕去做的事，而覺得不舒服，也別再退回「逃避」的那一步——如果你逃避了，你就會永遠停在不舒服的害怕階段！因此，要常常盡量把自己放在不舒服的狀態，才能加速解決你的低挫折容忍度，讓自己逐漸感到真正、持續的舒適自在，而且還能享受地做那些你曾經不敢做的事情。

逆境發生時，你會有健康的負面感受，例如遺憾、後悔和挫折。以及面對同樣逆境，而造成你不健康的負面感受，例如恐慌、憂鬱和自我厭惡。你要試著去清楚了解這兩者間的差別。經歷到受困擾的感受時，就假設你是因為一些獨斷的應該、應當、或必須，而創造了這些感受。找出這些要求，將之轉變回一種偏好。藉由使用理情心像或其他 REBT 方法，在你

真的把受困擾的情緒轉變成健康的負面感受之前，不要放棄。

要避免自我挫敗的拖延。趕快先做不愉快、但是有用的工作，今天就做！如果你還是會拖延，就用一些愉快的事物來獎勵自己，例如吃東西、閱讀或社交，但只有在你做完了逃避的工作以後，才可以獲得獎勵。如果你還是會拖延，那每次你愚蠢的拖延時，就為自己設下嚴厲的懲罰或罰款，例如跟無趣的人聊天一小時，或是燒掉一張百元美鈔（選個會令你感到心痛的金額吧！）

讓自己明白，無論經歷到什麼不幸，你都會當成有趣的挑戰，並視為一場真正的冒險之旅，同時保持情緒健康和合理程度內的快樂。把「根除自己的不幸」成為你生活中最重要、你全然下定決心要持續努力達成的事。

要記得 REBT 三項主要的領悟，並持續使用：

● **領悟一**：你主要是依照你的思考方式來感受，所以面對逆境的時候，你大多可以控制感受。

● **領悟二**：雖然你大多是在過去採納和創造了自我毀滅的信念和習慣，但是你現在，在這個當下，卻是有意識、無意識的在維持這些，所以你「現在」才有困擾。儘管你過去的歷史、現在的生活狀況，還有先天自尋困擾的傾向，對你有重大的影響。但是你一次又一次重申的現在哲學觀，才是你目前困擾的「主要」起因。

- **領悟三**：沒有什麼神奇的方法能改變你的性格，還有你無事自擾的強烈傾向。只有藉由努力和實踐，對，努力和實踐，你才有可能改變非理性信念、不健康的感受和自我毀滅的行為。

穩定地——而且不要慌亂——去發掘屬於你個人的樂趣和無害的娛樂。試著為自己設計出深刻且長期能令你著迷的濃厚興趣。把情緒健康和真正的快樂成就，當成主要的人生目標。試著當個長期而非短視的享樂主義者。

要跟其他幾位了解 REBT 的人保持聯絡，他們可以給你適時提點與回顧一些 REBT 的觀點。告訴他們你的問題，讓他們了解你怎麼使用 REBT 處理問題，了解他們是否同意你的解決之道，而他們是否能建議其他更好的答案。

找一些願意讓你試著用 REBT 幫助他們的親戚朋友，練習教導他們。你越常對別人使用，清楚了解別人的非理性信念和自我毀滅的行為，試著幫他們改變，你就越能了解 REBT 的主要原則，然後更好地運用在自己身上。當你看到別人做出毀滅性行為的時候，就試著找出他們主要的非理性信念可能是哪些，又要如何積極強力地予以駁斥，有沒有找他們討論都可以。

持續閱讀 REBT 的文章，聆聽和觀賞適合的影音資料。用這些資料來提醒自己，要持續在生活中運用 REBT 的哲學觀和

行為方式。

▌如何處理退步

　　如果你故態復萌了，就跟平常一樣接納自己。你要把故態復萌當成大家都會發生的事，幾乎所有一開始試著改善情緒困擾的人、還有後來退步回到受困擾的想法、感受和行為的人，都會這樣。人類都會犯錯，要把這狀況視為其中一部分。如果你舊有的症狀回來了，不要苛責自己，或是引起羞愧或絕望等毀滅性的感受。不要以為你應該要完全靠自己處理這一切，如果你要尋求治療、跟朋友談你的問題，也別覺得這是錯誤的、是軟弱的表現。

　　在你故態復萌的時候，試著清楚了解，你的行為不當，但你絕對不會因此就成了壞人或爛人。這種時候，尤其要回頭看REBT 的重要原則：你最好只評斷思想、感受和行為的有效程度，絕對不要評斷你自己、你的存在、你的本質、或你的整體。不管退步得多嚴重，都要努力做到無條件自我接納。全然接納有著軟弱與愚蠢行為的自己，然後繼續努力改變這種行為。

　　回到 REBT 的 ABC，再一次在 B 點尋找你的非理性信念：尋找你專制的「應該、應當和必須」；尋找你的「糟糕化」和「恐怖化」；尋找你對自己和他人的「譴責」；尋找你過度類化的「永遠是」和「永遠不」。如前所述，堅持而強力

的駁斥你主要的非理性信念，直到你堅定的相信有效的新哲學觀（E's），幫你指出道路，再一次減少你的困擾。

持續尋找、找出，還要強力駁斥你的非理性信念。一次又一次反覆執行，直到你鍛鍊出理智和情緒的肌肉（就像你藉由運動和持續運動鍛鍊身體肌肉一樣）。

不要只是盲目重複理性因應的自我陳述或有效的新哲學觀。測試看看你有多堅定相信這些健康的概念。挑戰你軟弱的理性信念，讓信念更堅定。挑戰你的理性信念，看看你面對質疑的時候，是否真的能堅持這些信念。使用一些 REBT 的情緒技巧，例如非常有力的對自己說出理性因應的自我陳述，來幫助自己強烈相信有幫助的哲學觀。不要隨便敷衍地相信，而是要努力強烈地的說服自己，你的理性信念是有用的。只有稍微或是「理智上」相信你有效的新哲學觀也不錯，但不會有太大幫助，也持續不了多久。要堅定而強力的這樣做，持續執行多次，再確認看看你是否真的相信了。

▌如何類化你的困擾並設法減輕

努力減輕某一組情緒問題的時候，例如對公開演說或個人感情被拒絕的恐懼，要試著了解，這些問題跟其他問題，以及其他人的許多困擾，有什麼明顯的重複之處。因此，如第三章說的，你對公開演說和被人拒絕的焦慮包括了：①你的信念認為你絕對不能失敗、被否定；②這樣做會很糟糕和很恐怖；③

你受不了或無法承受這些失敗中可怕的挫折；④如果你失敗、被否定了，你就會是個沒有價值的人；⑤這些重要的事情，只要失敗了一次或是幾次，就表示你永遠都會失敗，永遠不會受尊重；有時還有⑥失敗根本完全不重要，你一點都不在乎。

如果在你（還有其他人）幾乎所有的困擾中都看到這些類似之處，你就能明白，該怎麼處理和減輕類似的任何嚴重焦慮（或是憂鬱或憤怒）。好有趣的知識，而且很有用！

所以，如果你克服了對公開演說表現不佳的恐懼，就可以使用克服這項恐懼的知識，來減輕在社交或感情中被拒絕的恐懼。如果後來產生別的恐懼，例如失業，或是成為社區裡網球打得最差的人，你也很容易就能了解該怎麼處理這種恐懼。因為你的非理性信念、受困擾的感受和自我挫敗的行為，源自你因為不同的逆境而產生的一整套「普通的」想法、感受和行為其中一部分。如果你在某一種狀況能有效使用 REBT，你就能了解，在幾乎所有困擾自己的情形裡，你都偷渡了一個以上常見的非理性信念。因此，如果你在某個領域減輕了困擾，然後發現你在另一個方面也有情緒困擾，你就可以使用同樣的 REBT 原則和做法，去發現和改變下一個領域裡的非理性信念。

所以，REBT 可以幫助你變得更快樂、更不受困擾。使用 REBT 後，你就會明白，如果改變了基本的非理性信念，那要在任何方面保持困擾，還真不容易。如果你減少了專橫、獨斷

的應該、應當和必須，取代成有彈性的、會找尋替代方案（雖然通常還是很強烈）的希望和偏好，那你一開始就不容易受困擾所苦，即使你又退步到不健康的方式，也很快能再度擺脫困擾。

在此我先別太樂觀，我不是在宣稱，如果你持續使用REBT，就能自動克服所有的情緒困擾，很快就能達到永遠快樂、再也不會嚴重困擾自己的境界。這不是簡單的事，也不會自動達成。我說的是，如果你學會 REBT 的基本原則，讓自己在某個重要領域擺脫困擾，而且如果你真的努力在其他領域也使用這些原則，你就會了解這些原則是大致適用的。

更好的是，你會發現，在這個宇宙裡其實沒有專橫、無條件的必須，打從心裡相信其中任何一種，都會造成沒有必要的困擾。你會了解到，許多逆境確實很可悲，但是，除非依照你的主觀定義來看，不然其中沒有任何一種事是真的糟糕、恐怖或可怕的。你會承認，不管在你身上發生了什麼壞事，你幾乎都能承受得了、撐得過來，而且就算發生這些壞事，你仍然可以在某些方面相當快樂。自己或別人行為惡劣的時候，你會習慣性的明白，你和他們都不是惡劣、差勁、不夠格的人。你還是會有效使用類化，但不會過度類化，「以為」一次失敗就會造成一直失敗，被拒絕幾次不表示你這輩子就永遠不會被重要他人接受。

我在 1950 年代建立了 REBT 整體的哲學觀，幫助我自己

和案主顯著降低了我們的強烈傾向，不再無事自擾、為逆境困擾自己。從那時起，有許多臨床和實驗證據顯示，REBT 以及幾種其他的認知行為療法，實際上都能大為減輕情緒痛苦。但是我在 REBT 創立初期沒有清楚了解、而現在越來越明白的是持續使用這個哲學體系，也可以幫助許多人比過去更不會受到困擾。真是個快樂的發現！

你願意成為其中一位更快樂、更不受困擾的人嗎？試試看強效持久的 REBT，自己了解吧！

Chapter 15

給你的頭腦與心靈的理性雞湯

如果我下定決心，要做到讓自己煩惱減少、不受困擾，並且一直致力於這個目標，我就很有可能做得到。但我不是超人、不完美、不會完全不受困擾。

如果你努力使用本書中說明的理論與做法，就可以一直讓自己深刻相信一些哲學觀，這樣很有可能幫你做到三件事：

一、減少你目前受困擾的想法、感受和行為。

二、讓你明顯不受困擾，更不受未來新困擾的影響。

三、讓你更能自我實現、創造更大的生活樂趣，活得更快樂。

為了達成這些目標，以下是一些實際、理智、務實的自我陳述——或者稱為「理性雞湯」——提供你可以用來思考、修改、努力實踐。

- 雖然對我來說，我高度偏好表現良好、贏得他人讚許，從而達成我主要的目標和目的，但是我絕不是必須要做到這樣。

- 不管有什麼「壞」事（違反我的利益和希望的事）發生在我身上，除了用我愚蠢的定義來看以外，這些事都不是壞到絕不應該發生。真的發生了，這些事也不算糟糕——亦即，並非完全徹底的百分百壞，或是比「應該發生的狀況」更壞。

- 就算最壞的狀況發生了，只要我強力說服自己我做得到，我就幾乎能承受得了，**繼續活下去**，而且還是能在生活中找到某些快樂。

- 我的想法、感受和行為可能常常很蠢、很笨、很神經質，但是我絕對、絕對不是笨蛋、可鄙的人、或是爛人、惡劣的人。就算我誤以為是這樣，我也不等於我的行為！

- 我可以強力拒絕評價或評斷我的自我、我的存在、我的本質、我這個人，但是我可以、而且只會評斷我的行為、做法和表現。我發誓，希望讓自己好好的活著！

- 我也只會評斷別人的行為、感受和想法，拒絕評斷他們的自我、存在，或本質，更拒絕予以譴責。雖然他們常常行為可鄙，但他們並不是可鄙的人！

- 我只會評斷我生活的處境，看是否有達成我和我所在之社會團體的目標和利益。但我不會以偏概全的評價這世界或人生是好還是壞。這個世界並不是爛透了，只有某些部分不太如人意而已。

- 藉由努力，明確決定要改變、下定決心要依據我的決定行動、獲得相關的知識了解怎麼做最好、強迫自己就算覺得不舒服也要行動，我可以、而且會去使用與增進我的意志力或能力，以改變我的想法、感受和行為。沒有行動，我的「意志力」就沒有力量。

- 如果我下定決心，要做到讓自己煩惱減少、不受困擾，並且一直致力於這個目標，我就很有可能做得到。但我不是超人、不完美、不會完全不受困擾。只要我是個會犯錯的人類，就不可能！

- 我想做的事，我就會去做。大部分的事，沒有先嘗試過，我就不會認定我做不到。我會盡可能多嘗試困難的事，來了解我能不能達成。

- 我真的做不到的事，就是做不到。很難！

- 我通常會避免極端的看事情，拒絕把事情看成是全好或全壞。我會試著避免極端的樂觀或極端的悲觀。更加平衡、實事求是的方向，才是我的中庸目標。但即使是這個目標，我也會避免走向極端！

- 我在過去解決情緒問題的方法很棒！現在，我如何更好的改進這些方法呢？

- 我永遠不會完全不受困擾，除非我死了。現在，趁我還活著，我要如何讓自己比較不受困擾？

- 我真的有些很棒的長處，也有缺點、會犯錯。但只有這樣，

並不會讓我變得傑出。現在，讓我好好享受我的長處吧！讓我好好運用聰明這項智力長處，接納自己，那我就能發揮更多的長處！

- 我可以努力獲得領悟，了解困擾的起源和形成脈絡。但是我更想領悟到，我現在做了些什麼，才使得這些困擾持續存在，現在我又能做些什麼改變。我想要領悟到怎麼把我的困擾驅逐出去！

- 我喜歡知道——我處理重要的事情有能力、有效率。但是這樣不會讓我變成不錯的人或是很好的人。什麼事都不會！我會盡力變得出色，是因為我會得到樂趣和好的結果。而不是為了證明我這個人還過得去！

- 對我做的「事情」感到羞愧，有助於改正我的愚蠢行為。因為我這個做事的人而感到羞愧，「有助於」我逃避改正行為，同時過度限制了我的人生。

- 如果火星人在這裡登陸，而他們心智健全，看到我這麼聰明的人，行為卻常常如此愚蠢，他們一定會笑死。我最好學會跟他們一起幽默地嘲笑自己。

- 發生在我身上的壞事，或是我造成的事，都很少是完全徹底的壞。我通常還是可以在其中找到一些有價值的事，從這些不利的困境中汲取教訓。我特別能享受這樣的挑戰，拒絕讓自己為這些壞事過度困擾。

- 如果我逃避去面對那些非理性害怕去做的事，更容易助長我

去克服害怕和恐懼的逃避程度。反之，冒險去面對的風險低多了！

- 如果我關心我的健康、擔心碰上意外、擔心危險的活動，我會採取適當的預防措施，以避免傷害自己和我愛的人。但是我沒有辦法控制這個宇宙，所以我不要沒事去擔心有不尋常的危險發生。我的擔心是擋不住趨勢的！

- 當我必須做困難或無聊的工作時，拖延並不會讓事情比較簡單。我要試著努力拖延「拖延行為」這件事！

- 只要我否認自己有情緒問題，我就不會去解決問題。將這些問題合理化，一點也不合理！

- 我喜歡堅持做自己，表達我真正的感受。但我面對老闆、教授、交通警察的時候，最好閉上我的大嘴巴！

- 每個人都跟我很不一樣，彼此間也大不相同。他們本來就應該要各有獨特性！

- 我喜歡用我的觀點說服別人。但是就算意見不同，我也可以接受，不會做出令人討厭的行為。就算我吵輸了，也不會想不開去自殺。

- 我不喜歡別人對我不好或不公平，但善待我不是必須的事，當別人沒有善待我時，我也不需要念念不忘，或是心懷怨恨。一直掛念著不公不義的事，對我自己就是種不公不義。

- 不管我認為被特定的人愛著有多重要，我都明白，還有其他重要的人，我可以去愛、接受他們的愛。對！還有其他人！

- 我通常喜歡有人陪伴，但是我完全獨處的時候，我也可以相當快樂。我就可以當自己最好的朋友！

- 我會盡力去享受某些事物，但不會對某種想法、感受或行為上癮。我對強迫行為有點反感！

- 除非我努力讓自己煩惱減少、更不容易受困擾，不然我可能會讓困擾實現，而不是自我實現。

- 藉由獲得、維持一些令我有興趣的嗜好，會提高我獲得心流經驗的機會，也就是享受我現在做的事情本身，不一定是為了其他的獎賞、不是為了證明我這個人有多好。我順著心流流動，因為我覺得這件事本身就很有趣、很享受。如果這樣能在其他方面對我和別人有幫助，那也很有收穫！

- 科學並非神聖不可侵犯，但是對我和他人有很大的價值。我選定目標和目的的時候，我會奮力獲得科學的觀點：重視持續假設、實驗和檢查、暫時接受社會和物質層面的「現實」、為人類（和非人類）的進步而努力。

- 達成完整、徹底或全面的自我實現（或任何其他的東西！）不切實際、也太理想化。要達到更多自我實現的目標，可以。完全而全面，不可能。別讓自己貪婪得不切實際！

- 所以，再說一次，面對自我實現，跟面對受困擾的情況一樣。完全不受困擾的是超人。而我是會犯錯的人類。就我們所知，沒有任何人類是超人。以上證明完畢！

參考文獻

以下的參考文獻包括書中提到的主要作者的著作，以及一些關於理情行為治療（REBT）和認知行為治療（CBT）的延伸閱讀資料，這些項目可能對心理自助有用。這些參考資料中前面有一個星號（＊），其中許多可以在紐約艾理斯學院（Albert Ellis Institute）中找到。該機構將繼續提供這些 REBT 資料，提供個人自我成長和健康生活領域的演講、工作坊、培訓課程以及其他介紹，並將這些內容列入到免費的定期目錄。以下所列的其中一些參考資料，特別是一些自助手冊，在內文中並沒有提到，但依然列出提供讀者們參考。

- *Alberti, R., & Emmons, M. (1995). *Your perfect right,* 7th ed., San Luis Obispo, CA: Impact Publishers, Inc.
- *Adler, A. (1927). *Understanding human nature.* Garden City, NY:Greenberg.
- Bandura, A. (1997). *Self-efficacy: The exercise of control.* New York: Freeman.
- *Barlow, D. H., & Craske, M. G. (1989). *Mastery of your anxiety and panic.* Albany, NY: Center for Stress and Anxiety Disorders. Bartley, W. W., III. (1984). The retreat to commitment, rev. ed. Peru, IL:Open Court.
- Bateson, G. (1979). *Mind and nature: A necessary unit.* New York: Dutton.
- *Beck, A. T. (1988). *Love is not enough.* New York: Harper & Row.

- *Benson, H. (1975). *The relaxation response*. New York: Morrow.
- *Bernard, M. E. (1993). *Staying* rational *in an irrational world*. New York: Carol Publishing.
- *Bernard, M. E., & WOlfe, J. L., (Eds.). (1993). *The RET resource book for practitioners*. New York: Institute for Rational-Emotive Therapy.
- *Broder, M. S. (1990). *The art of living*. New York: Avon.
- Buber, M. (1984). *I and thou*. New York: Scribner.
- *Budman, S. H., & Gurman, A. S. (1988). *Theory and practice of brief therapy*. New York: Guilford.
- *Burns, D. D. (1989). *Feeling good handbook*. New York: Morrow.
- Carnegie, D. (1940). *How to win friends and influence people*. New York: Pocket Books.
- *Coue, E. (1923). *My method*. New York: Doubleday, Page.
- *Crawford, T. (1993). *Changing a frog into a prince or princess*. Santa Barbara, CA: Author.
- *Crawford, T., & Ellis, A. (1989). A dictionary of rational-emotive feelings and behaviors. *Journal of Rational-Emotive and Cognitive-Behavioral Therapy, 7(1)* , 3-27.
- *Csikszentmihalyi, M. (1990). Flow: *The psychology of optimal experience*. San Francisco: Harper Perennial.
- DeShazer, S. (1985). *Keys to solution in brief* therapy. New York: Norton.
- Dewey, J. (1929). *Quest for certainty*. New York: Putnam.
- *Dreikurs, R. (1974). *Psychodynamics, psychotherapy and counseling*. Rev. Ed.. Chicago: Alfred Adler Institute.
- *Dryden, W. (1994c). *Overcoming guilt!* London: Sheldon.
- *Dryden, W. (Ed.). (1995). Rational *emotive behaviour therapy: A reader*. London: Sage.
- *Dryden, W., & DiGiuseppe, R. (1990). A *primer on rational-emotive therapy*. Champaign, IL: Research Press.

- *Dryden, W. & Gordon, J. (1991). *Think your way to happiness.* London: Sheldon Press.
- *Dunlap, K. (1932). Habits: *Their making and unmaking.* New York: Liveright.
- *Ellis, A. (1957a). *How to live with a neurotic: At home* and at work. New York: Crown, Rev. ed., Hollywood, CA: Wilshire Books, 1975.
- *Ellis, A. (1962). *Reason and emotion in psychotherapy.* Secaucus, NJ: Citadel.
- *Ellis, A. (1972). Helping people get better rather than merely feel better. *Rational Living,* 7(2), 2-9.
- *Ellis, A. (Speaker). (1973). How to stubbornly refuse to be ashamed of anything. Cassette recording. New York: Albert Ellis Institute.
- *Ellis, A. (Speaker). (1974). Rational living in an irrational world. Cassette recording. New York: Albert Ellis Institute.
- *Ellis, A. (1976a). The biological basis of human irrationality. *Journal of Individual Psychology, 32,* 145-168. Reprinted: New York: Albert Ellis Institute.
- *Ellis, A. (Speaker). (1976b). *Conquering low frustration tolerance.* Cassette recording. New York: Albert Ellis Institute.
- *Ellis, A. (Speaker). (1977c). *Conquering the dire need for love.* Cassette recording. New York: Albert Ellis Institute.
- *Ellis, A (Speaker). (1977d). *A garland of rational humorous songs.* Cassette recording and songbook. New York: Albert Ellis Institute.
- *Ellis, A. (1985). *Overcoming resistance: Rational-emotive therapy with dffficult clients.* New York: Springer.
- *Ellis, A. (1988). *How to stubbornly refuse to make yourself miserable about anything-yes, anything!* Secaucus, NJ: Lyle Stuart.
- Ellis, A. (1994a). *Rational emotive imagery.* Rev. ed. New York: Albert Ellis Institute.

- *Ellis, A. (1994b). *Reason and emotion in psychotherapy*. Revised and updated. New York: Birch Lane Press.
- Ellis, A. (1996). *Better, Deeper, and More Enduring Brief Therapy*. New York: Brunner/Mazel.
- Ellis, A. (1996). *How to maintain and enhance your rational emotive behavior therapy gains*. Rev. ed. New York: Albert Ellis Institute.
- Ellis, A. (1998). *How to control your anxiety before it controls you*. Secaucus, NJ: Carol Publishing Group.
- *Ellis, A., & Becker, I. (1982). *A guide to personal happiness*. North Hollywood, CA: Wilshire Books.
- *Ellis, A. & Blau, S. (1998). (Eds.). The Albert Ellis Reader. Secaucus, NJ: Carol Publishing Group.
- *Ellis, A., & Dryden, W. (1990). *The essential Albert Ellis*. New York: Springer.
- Ellis, A., & Dryden, W. (1997). *The practice of rational emotive behavior therapy*. New York: Springer.
- Ellis, A., Gordon, J., Neenan, M., & Palmer, S. (1998). *Stress counseling*. New York: Springer.
- Ellis, A., & Harper, R. A. (1997). *A guide to rational living*. North Hollywood, CA: Wilshire Books.
- *Ellis, A., & Knauss W. (1977). *Overcoming procrastination*. New York: New American Library.
- *Ellis, A., & Lange, A. (1994). *How to keep people from pushing your buttons*. New York: Carol Publishing Group.
- Ellis, A., & MacLaren, C. (1998). Rational emotive behavior therapy: A therapist's guide. San Luis Obispo, CA: Impact Publishers.
- *Ellis, A., & Tafrate, R. C. (1997). *How to control your anger before it controls you*. Secaucus, NJ: Birch Lane Press.
- *Ellis, A., & Velten, E. (1992). *When AA doesn't work for you: Rational*

steps for quitting alcohol. New York: Barricade Books.

- *Ellis, A., & Velten, E. (1998). *Optimal aging: Get over getting older*. Chicago: Open Court Publishing.
- Emery, G. (1982). *Own your own life*. New York: New American Library.
- Erickson, M. H. (1980). *Collected papers*. New York: Irvington.
- *FitzMaurice, K. E. (1997). *Attitude is all you need*. Omaha, NE: Palm Tree Publishers.
- *Frank, J. D., & Frank, J. B. (1991). *Persuasion and healing*. Baltimore, MD: Johns Hopkins University Press.
- *Frankl, V. (1959). *Man's search for meaning*. New York: Pocket Books.
- *Franklin, R. (1993). *Overcoming the myth of setf-worth*. Appleton, WI: Focus Press.
- *Freeman, A., & DeWolfe, R. (1993). *The ten dumbest mistakes smart people make and how to avoid them*. New York: Harper Perennial.
- Freud, S. (1965). *Standard edition of the complete psychological works of Sigmund Freud*. New York: Basic Books.
- *Fried, R. (1993). *The psychology* and *physiology of breathing*. New York: Plenum.
- Friedman, M. (1976). Aiming at the self: The paradox of encounter and the human potential movement. *Journal of Humanistic Psychology, 16(2)*, 5-34.
- Froggatt, W. (1993). *Rational self-analysis*. Melbourne: Harper & Collins.
- Gergen, R. J. (1991). *The saturated self*. New York: Basic Books.
- *Glasser, W. (1999). *Choice theory*. New York: Harper Perennial.
- Goleman, D. (1995). *Emotional intelligence*. New York: Bantam.
- *Grieger, R. M. (1988). From a linear to a contextual model of the ABCs of RET. In W. Dryden and P. Trower, eds. *Developments in cognitive psychotherapy* (pp. 71-105). London: Sage.
- *Hauck, P. A. (1991). Overcoming the rating game: *Beyond self-love-*

beyond self-esteem. Louisville, KY: Westminster/John Knox.

- Hayakawa, S. I. (1968). The fully functioning personality. In S. I. Hayakawa, (Ed.), *Symbol, status, personality* (pp. 51-69). New York: Harcourt Brace Jovanovich.
- Hill, N. (1950). *Think and grow rich.* Noah Hollywood, CA: Wilshire Books.
- Hillman, J. (1992). One hundred years of solitude, or can the soul ever get out of analysis? In J.K. Zeig (Ed.), *The evolution of psyohotherapy: The Second Conference* (pp.313-325). New York: Brunner/Mazel.
- Hoffer, E. (1951). The true believer. New York: Harper & Row.
- Homey, K. (1950). *Neurosis and human growth.* New York: Norton.
- Jacobson, E. (1938). *You must relax.* New York: McGraw-Hill.
- *Johnson, W.R. (1981). *So desperate the fight.* New York: Institute for Rational-Emotive Therapy.
- Johnson, W.B. (1996, August 10). Applying REBT to religious clients. Paper presented at the Annual Convention of The American Psychological Association, Toronto.
- Jung, C. G. (1954). *The practice of psychotherapy.* New York: Pantheon.
- Kaminer, W. (1993). I'm *dysfunctional, you're dysfunctional.* New York: Vintage.
- Kelly, G. (1955). *The psychology of personal constructs.* New York: Norton.
- Klee, M., & Ellis, A. (1998). The interface between rational emotive behavior therapy (REBT) and Zen. *Journal of Rational-Emotive & Cognitive-Behavior Therapy*, 16, 5-44.
- Korzybski, A. (1933). *Science and sanity.* San Francisco: International Society of General Semantics.
- Lasch, C. (1978). *The culture of narcissism.* New York: Norton.
- *Lazarus, A. A., & Lazarus, C. N. (1997). The 60-second *shrink. San* Luis Obispo: Impact.
- *Lazarus, A. A, Lazarus, C., & Fay, A. (1993). *Don't believe it for a*

minute: Forty toxic ideas that are driving you crazy. San Luis Obispo, CA: Impact Publishers.

- *Low, A. A. (1952). *Mental health through will training.* Boston: hristopher.
- *Lyons, L. C., & Woods, P. J. (1991). The efficacy of rational-emotive therapy: A quantitative review of the outcome research. *Clinical Psychology Review, 11*, 357-369.
- Mahoney, M. J. (1991). *Human change processes.* New York: Basic Books.
- Maltz, M. (1960). *Psycho-cybernetics.* Englewood Cliffs, NJ: Prentice-Hall.
- Maslow, A. (1968). *Toward a psychology of being.* New York: Van Nostrand Reinhold.
- *Maultsby, M.C., Jr: (1984). *Rational behavior therapy.* Englewood Cliffs, NJ: Prentice-Hall.
- May, R. (1969). Love and *will.* New York: Norton.
- *McGovern, T. E., & Silverman, M. S. (1984). A review of outcome studies of rational-emotive therapy from 1977 to 1982. *Journal of Rational-Emotive Therapy, 2*(1), 7-18.
- Meichenbaum, D. (1997). The evolution of a cognitive-behavior therapist. In J.K. Zeig (Ed.), The evolution of psychotherapy: The Third Conference (pp. 95-106). New York: Brunner/Mazel.
- *Miller, T. (1986). *The unfair advantage.* Manlius, NY: Horsesense, Inc.
- *Mills, D. (1993). *Overcoming self-esteem.* New York: Albert Ellis Institute.
- Moreno, J. L. (1990). *The essential J. L. Moreno.* New York: Springer.
- Niebuhr, R. See Pietsch, W.V.
- Nielsen, S.L. (1996, August 10). Religiously oriented REBT. Examples and dose effects. Paper presented at the Annual Convention of the American Psychological Association, Toronto.

- Pardeck, J. T. (1991). Using books in clinical practice. *Psychotherapy in Private Practice*, 9(3), 105-199.
- Pavlov, I. P. (1927). *Conditional reflexes*. New York: Liveright.
- Perls, F. (1969). *Gestalt therapy verbatim*. New York: Delta.
- Piaget, J. (1954). *The construction of reality in the child*. New York: Basic Books.
- *Pietsch, W.V. (1993). *The serentiy prayer*. San Francisco: Harper San Francisco.
- Popper, K. R. (1985). *Popper selections*. Ed. by David Miller. Princeton, NJ: University Press.
- Rank, 0. (1945). *Will therapy and truth and reality*. New York: Knopf.
- Rogers, C. R. (1961). *On becoming a person*. Boston: Houghton-Mifflin.
- *Russell, B. (1950). *The conquest of happiness*. New York: New American Library.
- Russell, B. (1965). *The basic writings of Bertrand Russell*. New York: Simon & Schuster.
- Sampson, E. E. (1989) The challenge of social change in psychology. Globalization and psychology's theory of the person. *American Psychologist*, 44, 914-921.
- Schutz, W. (1967). Joy. New York: Grove.
- *Schwartz, R. (1993). The idea of balance and integrative psychotherapy. *Journal of Psychotherapy Integration*, 3, 159-181.
- *Seligman, M. E. P. (1991). *Learned optimism*. New York: Knopf.
- *Silverman, M. S., McCarthy, M., & McGovern, T. (1992). A review of outcome studies of rational-emotive therapy from 1982-1989. *Journal of Rational-Emotive and Cognitive-Behavior Therapy*, 10(3),111-186.
- *Simon, J. L. (1993). *Good mood*. LaSalle, IL: Open Court.
- Skinner, B. F. (1971). *Beyond freedom and dignity*. New York: Knopf.
- Smith, M. B. (1973). On self-actualization. *Journal of Humanistic*

*Psychology, /*3(2), 17-33.

- *Spivack, G., Platt, J., & Shure, M. (1976). *The problem-solving approach to adjustment.* San Francisco: Jossey-Bass.
- *Starker, S. (1988b). Psychologists and self-help books. *American* Journal *of Psychotherapy*, 43, 448-455.
- *Tate, P. (1997). *Alcohol: How to give it up and be glad you* did. 2nd. ed. Tucson, AZ: See Sharp Press.
- Taylor, S. E. (1990). *Positive illusions: Creative self-deception and the healthy* mind. New York: Basic Books.
- Tillich, P. (1983). *The courage to be.* Cambridge: Harvard University Press.
- *Vernon, A. (1989). *Thinking; feeling, behaving: An emotional education* curriculum for children. Champaign, IL: Research Press.
- *Walen, S., DiGiuseppe, R., & Dryden, W. (1992). *A practitioner's guide to rational-emotive therapy.* New York: Oxford University Press.
- *Warren, R., & Zgourides, G. D. (1991). *Anxiety disorders: A rational-emotive perspective.* Des Moines, IA: Longwood Division Allyn & Bacon.
- Watson, J. B. (1919). *Psychology from the standpoint of a behaviorist.* Philadelphia: Lippincott.
- Watzlawick, P. (1978). *The language of change.* New York: Basic Books. Wittgenstein, L. (1922). Tractaeus *logico-philosophicus.* London: Kegan Paul.
- *Wolfe, J. L. (1992). What *to do when he has a headache.* New York: Hyperion.
- *Woods, P. J. (1990a). *Controlling your smoking: A comprehensive set of strategies for smoking reduction.* Roanoke, VA: Scholars' Press.
- *Young, H. S. (1974). A rational *counseling primer.* New York: Albert Ellis Institute.

讓自己快樂

How to Make Yourself Happy and Remarkably Less Disturbable

作　　者　亞伯·艾里斯 Albert Ellis
譯　　者　蘇子堯
主　　編　林玟萱

總 編 輯　李映慧
執 行 長　陳旭華（ymal@ms14.hinet.net）

社　　長　郭重興
發行人兼　曾大福
出版總監
出　　版　大牌出版／遠足文化事業股份有限公司
發　　行　遠足文化事業股份有限公司
地　　址　23141 新北市新店區民權路 108-2 號 9 樓
電　　話　+886- 2- 2218- 1417
傳　　真　+886- 2- 8667- 1851

印務經理　黃禮賢
封面設計　萬勝安
排　　版　新鑫電腦排版工作室
印　　製　成陽印刷股份有限公司
法律顧問　華洋法律事務所　蘇文生律師

定　　價　380 元
初　　版　2020 年 04 月
有著作權　侵害必究（缺頁或破損請寄回更換）
本書僅代表作者言論，不代表本公司／出版集團之立場與意見

國家圖書館出版品預行編目資料

讓自己快樂 / 亞伯·艾里斯 (Albert Ellis) 著；蘇子堯 譯 . --
　　初版 . -- 新北市：大牌出版，遠足文化發行，2020.04
　　　　面；　公分
　　譯自：How to make yourself happy and remarkably less disturbable
　　ISBN 978-986-5511-08-1 (平裝)

　1. 憤怒　　2. 情緒管理　　3. 心理治療

176.56　　　　　　　　　　　　　　　　　　　109001586